WEWNĄTRZ NA ZEWNĄTRZ

WEWNĄTRZ NA ZEWNĄTRZ

Przezwyciężanie bólu dzieciństwa i odkrywanie siły w sobie

Barbara Jaworska-Kostrzewska

www.wewnatrz-na-zewnatrz.pl

ISBN: 9798325658105
www.wewnatrz-na-zewnatrz.pl

Wydanie elektroniczne.
Skład: Typst · krój pisma: Lora (SIL Open Font License).

„Chciałabym, aby ta książka służyła jako
przewodnik dla tych, którzy szukają sposobów
na przekształcenie bólu z dzieciństwa w siłę,
która pozwoli im przezwyciężyć przeszkody i
osiągnąć pełnię szczęścia i spełnienia."

BARBARA JAWORSKA-KOSTRZEWSKA

Spis treści

Wstęp

Celem tej książki jest ukazanie, w jaki sposób wczesne doświadczenia emocjonalne – zwłaszcza brak wsparcia, czułości i poczucia bezpieczeństwa – kształtują nasze wewnętrzne przekonania, wzorce i życiowe schematy. To opowieść o dziecku, które od najmłodszych lat musiało mierzyć się z trudnościami, nie mając obok siebie wystarczającej opieki emocjonalnej.

W tym świecie, w którym powinno czuć się bezpieczne i widziane, często towarzyszyło mu uczucie samotności, nieważności i porównywania się do innych. Rodzice, zajęci własnym cierpieniem, nie byli w stanie dać tego, czego samo kiedyś im zabrakło. A dziecko – zamiast rozwijać się swobodnie – uczyło się kontrolować rzeczywistość, przewidywać nastroje, tłumić własne potrzeby i emocje.

Ta historia jest czymś więcej niż opowieścią jednostkową. To symboliczna podróż przez sposoby, w jakie się chroniłam, przez wewnętrzne przekonania i lojalności systemowe, które często – nieświadomie – kierują naszym dorosłym życiem. Chcę, aby ta książka stała się przestrzenią rozpoznania i zrozumienia: że za uczuciem braku czy niskiej wartości stoją głębsze, często pokoleniowe źródła.

Piszę ją z nadzieją, że stanie się wsparciem i inspiracją dla tych, którzy chcą przerwać ten cykl: zaopiekować się swoimi relacjami, zbudować poczucie własnej wartości na nowo i poczuć, że zasługują na miłość, dobro i spełnione życie.

ROZDZIAŁ 1

W Sercu Zdrady: Odkrywanie Asertywności i Przemiana przez Doświadczenia Dzieciństwa

Moje doświadczenia z dzieciństwa wpłynęły na moją zdolność budowania zaufania do innych ludzi. Zbyt często byłam naiwna i ufna, co otwierało drzwi dla osób, które wykorzystywały moją dobroduszność dla własnych celów. Z biegiem lat zrozumiałam, że nie każdy ma dobre intencje, i nauczyłam się być ostrożna. Nie chcę już być manipulowana. Dlatego staram się być bardziej asertywna i konsekwentnie bronić swoich praw, potrzeb i granic.

Postanowiłam podzielić się moją historią, aby lepiej zrozumieć siebie, a jednocześnie pomóc innym. Napisałam książkę, której celem jest przede wszystkim odbudowa straconego czasu, odkrycie własnych talentów, nauka zarządzania emocjami i zdobycie umiejętności, które pozwolą mi wspierać siebie i innych.

Mimo trudności, których doświadczyłam, wiem, że stały się one fundamentem mojej siły i determinacji do poprawy jakości życia. Jestem pewna, że moje doświadczenia z dzieciństwa powoli przestają definiować moją przyszłość. Jestem gotowa do nauki i rozwoju, aby stać się lepszą wersją siebie i odnaleźć prawdziwe szczęście.

Nie mam prostych odpowiedzi ani gotowych rozwiązań. Dzielę się tym, co przeżyłam naprawdę: szczerą i nieocenzurowaną perspektywą na życie, które było naznaczone zdradą, ale też pełne momentów przemiany i wzrostu.

Piszę to przede wszystkim po to, by ktoś, kto sięgnie po tę książkę, poczuł się mniej samotny i zobaczył, że nie jest sam ze swoimi doświadczeniami. Chciałabym, aby moje słowa były drogowskazem dla osób, które mierzą się z podobnymi trudnościami, i pokazały im, że jest nadzieja na lepsze jutro.

Bo mimo bólu i zdrady można stanąć na nogi i odzyskać kontrolę nad własnym życiem. Wierzę, że dzięki odwadze i wytrwałości jesteśmy zdolni do przemiany.

ROZDZIAŁ 2

Brak emocjonalnego wsparcia

Jeśli dziecko na starcie życia nie otrzymuje emocjonalnego wsparcia i nie czuje się bezpieczne, może to prowadzić do powstania trudnych przekonań o sobie i o świecie.

Może pojawić się brak wiary we własne możliwości. Dziecko zaczyna wierzyć, że nie jest w stanie niczego osiągnąć, bo nie ma wsparcia rodziców czy innych ważnych dla niego osób. Brakuje mu pewności siebie i poczucia własnej wartości.

Może pojawić się też lęk przed odrzuceniem. Brak bezpieczeństwa i opieki sprawia, że dziecko boi się odrzucenia i unika bliższych relacji z innymi. Boi się, że ktoś je skrzywdzi albo odejdzie, jeśli mu zaufa.

Bywa i tak, że dziecku trudno radzić sobie z emocjami. Jeśli nie ma obok kogoś, kto by je wysłuchał i pomógł mu poradzić sobie z tym, co czuje, może mieć trudność z przeżywaniem swoich emocji. Trudniej mu też nawiązywać zdrowe emocjonalnie relacje z innymi.

Takie przekonania mogą prowadzić do różnych emocjonalnych trudności, takich jak przygnębienie, lęk czy kłopoty z budowaniem i utrzymywaniem bliskich relacji, a z czasem odbić się nawet na zdrowiu. Dlatego tak ważne jest, aby dzieci miały bezpieczne i wspierające otoczenie, w którym mogą się rozwijać i uczyć się przeżywać swoje emocje.

Chciałabym, aby ta książka pokazała, jakie skutki może nieść brak emocjonalnego wsparcia i bezpieczeństwa oraz jak trudno jest potem dziecku odzyskać pewność siebie i poczucie własnej wartości, kiedy nie ma wokół ludzi, którzy je wspierają i doceniają.

Chciałabym też pokazać, że nawet jeśli dziecko zaczyna życie w trudnych warunkach, to nie znaczy, że jest skazane na taki los na zawsze. Może pojawić się wiele osób i sytuacji, które pomogą mu odzyskać wiarę w siebie i nauczyć się radzić sobie z emocjami. Chciałabym, aby ta książka była źródłem nadziei i inspiracji dla tych, którzy chcą zmienić swoje życie na lepsze.

Pragnę też, aby była przypomnieniem dla rodziców i innych dorosłych, którzy mają wpływ na życie dziecka. Chciałabym, aby poczuli, jak ważne jest, by dać dziecku poczucie bezpieczeństwa i emocjonalne wsparcie, i co może wynikać z ich braku dla jego dalszego rozwoju.

ROZDZIAŁ 3

Wewnętrzny Kompas: Od Niemożliwości do Możliwości

Rozpoczyna się nowy dzień. Którą drogą dzisiaj pójdę? Przeciwnie pod wiatr czy z nim? Czym będę się dzisiaj karmić – dobrem czy złem? Czy będę utrzymywać się w roli ofiary, litując się nad sobą, czy zamienię irytację w inspirację? Może zdecyduję się podążać ścieżką dawania i stawać się ratownikiem dla innych, dając i jednocześnie ucząc się przyjmować to, co wszechświat pragnie mi podarować. A może zacznę od tego, co już posiadam, i będę powiększać dobro.

Czy będę czekać, aż ktoś mi wskaże drogę? Czy będę oczekiwać na cud? Nie, nie będę, bo uświadomiłam sobie, że sama jestem cudem i to ja sama decyduję o sobie. Wybieram drogę, którą chcę podążać, ponieważ to ja oświetlam ją swoimi myślami, koncentruję się na tym i czuję, jak przywołuję więcej tego, co pragnę.

Przyjęłam odpowiedzialność za siebie, za to, co dotychczas stworzyłam, i za to, co będę nadal tworzyć. Moja inspiracja płynie z mojego wnętrza, z mojego własnego szacunku dla siebie, pokory i wdzięczności. To odwaga, która prowadzi mnie do miejsca, w którym znajduje się wiele mocy, piękna i siły, a ci, którzy się jej przeciwstawiają, nie mają szans – wszystko zostanie rozwiane.

To jest dla mnie cud każdego dnia, to, co czynię. Podróż z niemożliwości do możliwości, na której z przyjemnością będę się starzeć. Akceptuję wszystko, co się wydarzyło, ponieważ nie mogę zmienić przeszłości, ale mogę na nią popatrzeć inaczej. Wybaczyłam sobie i odpuszczam wszystkim innym, którzy przyczynili się do tego, co we mnie czułe i potrzebuje troski. Zrozumiałam, że nie umieli inaczej, po prostu – takie to było. Może się potknę, ale zawsze wstanę, ponieważ czuję, że jestem wielkim darem dla siebie i dla świata.

ROZDZIAŁ 4

Magia życia – inspiracja o życiu

Zrozumienie, czym jest magia życia, przyszło do mnie po wielu bolesnych doświadczeniach. Zauważyłam, że wcześniej prowadziły mnie schematy i wzorce z domu rodzinnego oraz przekonania, które sama sobie stworzyłam. Jako dorosła kobieta miałam trudność z odczuwaniem radości i zachwytu nad pięknem świata. Byłam nieszczęśliwa, nie zakochana w życiu, a moje wnętrze wypełniał lęk i smutek. Spoglądałam w lustro swojej rzeczywistości i otrzymywałam więcej bólu i żalu.

Aż pewnego dnia poczułam, że muszę sama coś z tym zrobić, coś zmienić. Że to ja mam świadomość i to ja kreuję swoją drogę.

Zaczęłam od pokory do życia i do siebie samej, od wybaczenia sobie, od zajrzenia w głąb smutku – a to było najtrudniejsze. Potem przyszedł czas na wdzięczność. To był przełomowy moment.

Uświadomiłam sobie, że przeszłość ciągnęła mnie w dół, jak w nieskończonym kołowrotku. Czułam, że muszę na nią popatrzeć, dotrzeć do korzeni bólu. Zaczęłam nad nią pracować. Pogodziłam się z tym, że nie mam już wpływu na to, co było. Akceptacja była trudna, ale kluczowa.

Koję to, co we mnie czułe. Staram się wybaczyć i zrozumieć, że ci, którzy mnie zranili, sami nieśli swój ból. Nie zawsze da się wybaczyć od razu, ale staram się chociaż odpuścić, żeby nie nosić w sobie tego ciężaru. I z każdym krokiem wszystko powoli zaczęło się zmieniać. Moje życie, które wcześniej pędziło, zaczęło zwalniać.

Teraz magia życia to dla mnie nie tylko urok naturalnych zjawisk, ale też to, co dzieje się wewnątrz mnie i jak postrzegam świat. Skupiam się na tym, co dobre, a wdzięczność za to, co mam, pozwala mi cieszyć się chwilą.

Te bolesne doświadczenia stały się fundamentem, na którym odbudowałam swoje życie.

Dziś potrafię dostrzec piękno w najdrobniejszych detalach. W promieniu słońca przemierzającym moje okno, w delikatnym powiewie wiatru, który kołysze liście drzew. Ocean, choć z pozoru spokojny i niezmienny, jest tak różnorodny i pełen życia jak moje własne doświadczenia.

Jestem pełna wdzięczności za każdy nowy dzień, za możliwość doświadczania tych wszystkich cudownych chwil. To ja decyduję o kształcie mojego życia i o kierunku, w którym podążam. Nie jestem już tylko obserwatorem, ale twórcą własnej rzeczywistości.

Moja podróż do odkrycia magii życia była pełna wyzwań, ale to one stały się moją inspiracją. Nauczyły mnie cieszyć się życiem, czerpać z niego radość, dostrzegać i tworzyć piękno. I na tym właśnie polega magia życia: na zdolności przeżywania, czerpania z doświadczeń i tworzenia nowych, pięknych chwil. A wszystko zaczęło się w chwili, gdy zdecydowałam się otworzyć na to, co piękne – w świecie, ale przede wszystkim w sobie.

ROZDZIAŁ 5

Odkrywanie siebie

Dzisiaj jestem tutaj, na Ziemi, żyję i mogę ze świadomością powiedzieć, że przyszłam tu jako wolna istota, bez żadnych ograniczeń i blokad. Przyjęłam wzorce z mojego domu rodzinnego i środowiska, w którym się wychowałam. Nie miałam wtedy pojęcia, że uczucia, które były we mnie, pójdą ze mną przez całe życie. Można powiedzieć, że dostałam bagaż na start swojej podróży: od przodków, od rodziców i od wszystkiego, co mnie otaczało.

Dziecko uczy się przez obserwację, patrząc, jak zachowuje się jego rodzina i opiekunowie. Przez uczucia i przez to, co widzi, bada, jaki jest świat, i na podstawie własnych doświadczeń tworzy swoje przekonania. Kiedy dane uczucia się powtarzają, dziecko zaczyna wierzyć, że takie właśnie jest życie, i buduje swoją samoocenę oraz poczucie własnej wartości.

David Hawkins twierdzi, że cały Wszechświat tętni energią, w której przechowywane są informacje. Każde doświadczenie, nawet jeśli było trudne, zostawia w nas emocje, które emanują energią przez całe nasze życie. Dlatego tak ważne jest, aby być świadomym tego, jakie emocje i przekonania nosimy w sobie, i pracować nad ich transformacją i rozwojem, aby móc żyć pełnią życia i osiągać nasze cele.

Rozwój osobisty to praca nad tym, co w sobie nosimy. Może obejmować różne formy samodoskonalenia, takie jak medytacja. W życiu spotykamy się z tym, z czym rezonujemy, a nasze zdarzenia życiowe przypominają nam, że mamy coś do rozpoznania i uwolnienia.

To, czego kiedyś nie wiedziałam, teraz mam jak na dłoni. Kiedy zrozumiałam, o co w tym wszystkim chodzi, zaczęłam porzucać to, co mnie ograniczało i blokowało, co przysłaniało moje myślenie i prowadziło mnie do schematów, które nie były moje. Wszystkie trudne chwile i bóle, które wciąż wracały, bo byłam tą energią i tym uczuciem, które czułam w dzieciństwie, powoli zaczęłam rozpuszczać. Zaczęłam oddawać to, co nie było moje: lęki mojej mamy, lęki mojego taty.

Wtedy zobaczyłam, kim jestem. Szukałam miłości gdzieś na zewnątrz, a to ja jestem miłością. Połączyłam się ze sobą, ze swoją mocą i siłą, i teraz mogę kreować swoje życie i siebie. Jak mówi Neale Donald Walsch: „Co myślisz, to tworzysz. Co tworzysz, tym się stajesz. Czym się stajesz, to wyrażasz. Co wyrażasz, tego doświadczasz. Czego doświadczasz, tym jesteś. Czym jesteś, to myślisz", koło się zamyka.

Mój nowy dzień, wdzięczność od rana

Postanowiłam, aby każdy dzień był wartościowy, bo zdecydowałam zadbać o siebie i o swoje dobre samopoczucie. Wibracja, z którą się poruszam, buduje moją przyszłość. Po przebudzeniu witam się z najważniejszą istotą na świecie, ze sobą i ze swoim wewnętrznym dzieckiem, i zwracam uwagę na swój stan emocjonalny i fizyczny. Wsłuchuję się w swoje serce i skupiam się na oddechu, aby wyciszyć umysł i ciało.

Uśmiecham się do siebie i zadaję sobie pytanie: z jaką intencją chcę dzisiaj ruszyć w świat? Płynie wdzięczność do istoty wyższej za dar życia, wdzięczność do rodziców za to, że dali mi szansę na życie, oraz wdzięczność do siebie za to, że jestem tu i teraz i mogę cieszyć się każdą chwilą.

Otwieram się na świat i z radością widzę, jak życie rozwija się przede mną i jaki piękny jest ten świat. Zasługuję na to, aby być w akcie twórczym, korzystać z jego dobrostanu, podziwiać dzieła innych istot i płynąć przez życie z ogromną miłością do siebie. Tak napełniam swoje wnętrze pozytywnymi myślami, które odzwierciedlają się na zewnątrz.

Jestem tym, kim chcę być, i czuję to głęboko w sobie. Moja świadoma myśl jest piórem, które pisze scenariusz mojej dalszej podróży. Pozwalam swojemu umysłowi przyjmować tylko takie myśli i idee, które koją, błogosławią, inspirują i wzmacniają moją duszę. Staram się skupiać na tym, co dobre i pozytywne, aby cieszyć się życiem i osiągać swoje cele z radością i zaangażowaniem.

Chcę przeżywać każdą chwilę z szacunkiem dla siebie i innych oraz z miłością do życia, bo wiem, że jest niepowtarzalna. Chcę być dobrym przyjacielem dla siebie, aby każdy mój krok był pełen czułości.

Ja jestem wdzięczna za to, co mam, z pokorą i szacunkiem do siebie i świata, trzymając się za rękę, wspierając i podnosząc, kiedy upadnę. Nauczyłam się czuć i rozumieć swoje ciało, co stało się dla mnie bezcenne. Zwolniłam w swojej podróży, by rozejrzeć się wokół i usłyszeć, co Wszechświat do mnie mówi, jakie znaki mi wysyła.

ROZDZIAŁ 7

Lęk, Strach i Walka: Wspomnienia z dzieciństwa

Mój dom, mimo iż położony był w zamożnej dzielnicy, był jednym z najskromniejszych budynków w okolicy. Zawsze zastanawiałam się, dlaczego inni mają tak wiele, podczas gdy my żyliśmy na skraju ubóstwa. To zaszczepiło we mnie przekonanie, że „nie zasługuję na piękne i godne życie".

Dom był stary i nieatrakcyjny, drzwi do piwnicy były zawsze otwarte, budząc we mnie poczucie niepokoju. Klatka schodowa była pogrążona w ciemnościach, a brama zawsze pozostawała otwarta. Na górze znajdował się ogromny strych, gdzie mieszkałam z rodzeństwem. Korzystaliśmy tylko z jednego pokoju, reszta wymagała remontu.

Ojciec codziennie wyruszał do pracy, ale po powrocie był już tylko pijany i nie miał dla nas czasu. Moja mama była zestresowana i przygnębiona, a w domu panowały nieustanne spory o pieniądze. Słyszałam co dzień, że brakuje nam funduszy, a sama nie miałam zabawek, gdy obok widziałam dzieci, które miały wszystko.

To zapisało się w mojej podświadomości: że „nigdy nie będę miała własnego domu z pięknym ogrodem", że „nie jestem godna", że „nie zasługuję na piękne życie", że „spotkała mnie kara", że „Bóg się na mnie gniewa" – co za bzdura, w jaką uwierzyłam.

Mimo że przy naszym domu był ogród, nie mogliśmy z niego korzystać, ponieważ sąsiad często na nas krzyczał. Moja mama nie miała sił, by walczyć o swoje prawa i korzystać z ogrodu. Było to niezwykle trudne, zwłaszcza dla mnie jako dziecka, które pragnęło mieć miejsce do zabawy i cieszyć się beztroskimi radościami dzieciństwa.

Życie w moim domu było pełne lęku, braku bezpieczeństwa i miłości. Czułam się samotna i nieustannie porównywałam to, co miałam, z tym, co miały moje koleżanki.

Brakowało mi wsparcia emocjonalnego i finansowego, co było dla mnie niezmiernie trudne do zniesienia. A jednak postanowiłam walczyć z tymi przekonaniami i iść naprzód. Bez względu na to, jak ciemne były moje początki, wierzyłam, że potrafię przezwyciężyć trudności i stworzyć dla siebie lepszą przyszłość. Ta wiara pomogła mi przetrwać, a teraz jest siłą, która wciąż popycha mnie do przodu.

Siła, która się we mnie narodziła, to siła duchowa. Pojawiła się wtedy, gdy zrozumiałam, że mogłabym na zawsze pozostać w tym trudnym doświadczeniu – obwiniać innych, przerzucać swoje emocje, uciekać, złościć się, nienawidzić... Moje ciało byłoby wypełnione lękiem i gniewem, a to, co we mnie niezintegrowane, przekazywałabym dalej.

Jednak prawdziwa duchowa siła zaczyna płynąć wtedy, gdy otwieram serce na mamę i ojca – takimi, jacy byli. Kiedy przyjmuję, że dali mi tyle, ile mogli. Tylko tyle – i aż tyle. Wtedy zaczynają płynąć zasoby rodu, a ja mogę budować swoje życie z nowego miejsca – z miłości, a nie z braku.

ROZDZIAŁ 8

Przebudzenie: Odkrywanie Sensu Życia

Jaki jest sens mojego pobytu na Ziemi? To pytanie zadawałam sobie codziennie, kiedy wstawałam, żyjąc z dnia na dzień i wykonując wszelkie czynności mechanicznie. Może ktoś powie, że w jego świecie jest inaczej – jeśli tak, to wielkie gratulacje. Mój świat zaczyna się teraz zmieniać i z pełną świadomością przechodzę przez każdy kolejny dzień.

Obserwuję otoczenie – jak ludzie przechodzą przez życie, wykonując te same czynności dzień po dniu. Walczą ze sobą i z życiem, powielając wzorce rodzinne, idąc drogami wytyczonymi przez ugruntowane przekonania. Żyją w pośpiechu, poruszają się jak roboty, bo tak sądzą, że takie jest życie. Nie rozumieją siebie i nie wiedzą, że mogłoby być inaczej. Nie oceniam nikogo – każdy ma swoją drogę do przebycia i buty, w które wskakuje.

Ludzkie twarze są smutne, pogrążone w wiecznej gonitwie, zatopione w szarej rzeczywistości dnia codziennego. Wśród nich są osoby, które osiągnęły już pewien status w życiu i mogłyby pozwolić sobie na chwilę wytchnienia, ale tego nie robią, bo pędzą do przodu, nauczyli się tak żyć. Ale jak dokonać tej zmiany? Czy warto zaryzykować porzucenie tego, co znamy i co jest wygodne, dla nieznanej przyszłości?

Kiedyś pędziłam przez życie jak struś, czując, że coś jest nie tak. Pytałam siebie: „Czy tak powinno wyglądać moje życie? Musi przecież chodzić o coś więcej". W moim doświadczeniu życie było wieczną walką i pogonią za pieniędzmi, z którymi wiązały się same problemy. Mój obraz świata był zgodny z tym przekonaniem, że „duże pieniądze to problem".

Do tego dochodziły kolejne przekonania: „życie jest ciężkie", „życie jest niesprawiedliwe". To był mój świat, którym przesiąknęłam na tyle, że nie umiałam inaczej.

W sercu czułam, że musi istnieć coś więcej. Coś, co daje radość i wdzięczność za to, że przyszłam na ten świat z jakimś celem. Czy tym celem jest ewolucja duszy, poznanie Kim Jestem? To dar życia, który czuję każdego poranka, kiedy otwieram oczy. Wtedy przychodzi moja chwila wdzięczności do siebie i do Boga.

Jestem w stanie nacieszyć moje oczy pięknymi, egzotycznymi widokami, ponieważ na nowo stworzyłam swój świat. Wzięłam siebie za rękę i doprowadziłam się do „Wysp Szczęścia", gdzie zdecydowałam, że chcę każdego dnia czuć wdzięczność za piękno tego świata i wdzięczność dla siebie, że jestem na odpowiedniej drodze. Teraz przebywam w środowisku, które mnie relaksuje, fascynuje i inspiruje. Inne, nieprzyjazne dla mnie środowiska, znałam już i wiem, jak działały na mój każdy nowy dzień.

Czuję wtedy, że to źródło życia, które jest we mnie, jest też moim kołem napędowym. Tutaj rodzi się moja pasja. Inspiruję się samą sobą i swoim wnętrzem, odczuwając, jaką skarbnicę w sobie noszę.

Zrozumiałam pewnego dnia, że mogę mieszkać w miejscu, którego nie lubię, i wykonywać pracę, której nie chcę robić. Mogłabym pędzić jak struś i każdego dnia wstawać z kapryśną miną, co odbierałoby mi radość i gasiło mnie z każdym dniem. Mogłabym w tym pozostać, bo było wygodniej, było już jakoś poukładane, znane. Ale te drogi były dla mnie zimne, mokre, smutne, trudne – chociaż znane.

Przyszedł jednak czas na zmianę. Czas, który przyszedł wraz z nim, niesie strach, ale zrozumiałam, że mam prawo mieszkać w miejscu, które chcę podziwiać każdego dnia. Mam prawo spożytkować mój cenny czas na to, co dla mnie najbardziej wartościowe. Zrozumiałam uczucie radości w moim sercu i pragnę wypracować, żeby było mocniejsze i silniejsze niż strach, który w końcu przezwyciężę. Czuję radość i wdzięczność do siebie i wiem, że to dla mnie jest bezcenne.

Sens życia dla mnie polega na zrozumieniu siebie, zmianie moich programów i poświęceniu czasu na to, co kocham, na wydobycie moich talentów, poczucie mojej drogi życiowej i dzielenie się tym ze światem.

ROZDZIAŁ 9

Pamiętnik z Małego Okienka: Marzenia i Przeciwności

Niedziela z tatą, marzenie o magicznym ogrodzie. Kiedy byłam jeszcze mała, najbardziej na świecie uwielbiałam niedzielę. To właśnie w niedzielę tata był w domu i mogłam trochę z nim spędzić czas. Bardzo tęskniłam za nim cały tydzień i szybko wstawałam z łóżka, gdy usłyszałam tatę w kuchni. Czułam unoszący się aromat gotowania wraz z muzyką Anny Jantar, której słowa mówiły, jakie życie jest piękne i magiczne.

Myślę, że tata walczył z miłością, której nie potrafili sobie dać z mamą. To coś, z czym sama borykałam się w życiu. W moich związkach wyglądało podobnie, jakbym odgrywała scenę filmu moich rodziców. Jako dziecko chciałam chętnie pomagać tacie w gotowaniu, ale byłam na to za mała, więc zamiast tego układałam rzeczy w kuchennych szafkach, aby przebywać z nim. Wtedy dla mnie najważniejsze było, żeby być najbliżej taty. Pomagałam, chciałam być widoczna, zasłużyć sobie na jego uwagę, czuć się ważna i potrzebna.

Podczas gotowania tata często włączał głośną muzykę, więc nie chciałam mu przeszkadzać i nie zadawałam pytań. Zamiast tego zostawiałam je w swojej głowie. Najbardziej pamiętam, że wtedy narodziło się we mnie marzenie o posiadaniu pięknego, dużego domu z magicznym ogrodem. Bardzo tego chciałam, ponieważ siedząc przy małym okienku na poddaszu, podziwiałam piękne domy z dużymi ogrodami. Nie potrafiłam zrozumieć, dlaczego wszyscy wokół mają tak wiele, a nasza rodzina jest tak uboga.

Niestety, nie miałam okazji długo cieszyć się wspólnym spędzaniem czasu z tatą. Tata zaczął pić alkohol. Ja, mama i rodzeństwo musieliśmy się przeprowadzić na parter domu, do mieszkania babci, gdzie był tylko jeden pokój. Tam mieszkali babcia, mama, ja i dwie siostry i brat, czyli czwórka dzieci, a także wujek i ciocia. Warunki były bardzo skromne, chociaż na strychu było jeszcze gorzej. Mimo to byłam blisko taty, choć teraz widywałam go już rzadko.

Tata stał się inną osobą i nie potrafił poradzić sobie z problemami. Z każdym dniem sytuacja stawała się coraz gorsza, a ja i moje rodzeństwo coraz bardziej cierpieliśmy z tego powodu. Mimo to nie zapomniałam o tych magicznych chwilach z tatą w kuchni. Wciąż pamiętam jego uśmiech, zapach gotowanej kawy i muzykę, która grała w tle.

Choć taty już nie ma, wciąż noszę go w sercu i cieszę się, że mogłam spędzić z nim takie piękne, choć krótkie chwile. Po latach zrozumiałam, że był bardzo dobrym człowiekiem, ale nie umiał poradzić sobie ze swoim nałogiem. Tak jak ciężkie doświadczenia, tak i moje marzenie poszło ze mną w dalszą podróż życia.

Wiedziałam, że droga do spełnienia tego marzenia będzie trudna i pełna przeciwności, ale byłam gotowa iść za tym, co kocham, już bez walki. Nie zdawałam sobie wtedy sprawy, że sama uwierzyłam, iż musi być trudno i ciężko, bo takie właśnie miałam doświadczenia.

Wierzyłam, że jeśli będę ciężko pracować i marzyć, to moje marzenie kiedyś się spełni, i dlatego nie traciłam nadziei. Nie wiedziałam jednak, że pod tym przekonaniem kryło się inne: że nie zasługuję. To ono, niesione ze mną aż do dorosłości, nie pozwalało mi spełnić marzenia.

Ale teraz, po latach, zaczynam dostrzegać, że nie mogę pozwolić, aby te negatywne myśli kontrolowały moje życie. Muszę nauczyć się przekraczać swoje granice i iść moją drogą. Widzę i czuję siebie całą, relaksującą się w pięknym domu i moim magicznym ogrodzie. Wiem, że z czasem będzie mi łatwiej zmienić swoje myślenie i pokonać lęki, ale już teraz jestem gotowa, żeby zacząć satysfakcjonującą podróż ku spełnieniu swojego marzenia.

ROZDZIAŁ 10

Zrozumienie przeszłości: Droga do samopoznania i uwolnienia

Jako dziecko czułam dużo strachu w swoim starym domu. Moja rodzina była często narażona na awantury i kłótnie, które były wynikiem nadmiernego spożycia alkoholu przez mojego ojca. Każdy poranek był pełen niepokoju, ponieważ słyszałam, jak moja mama krzyczy na ojca, grożąc mu, że jeśli znów wróci do domu pijany, już nas nie zobaczy. Czułam się bezradna i zdezorientowana, nie rozumiejąc, co się dzieje.

Każdego popołudnia, gdy ojciec wracał do domu pijany, dochodziło do awantur. Już od rana czułam strach, wiedząc, że wieczorem czeka mnie kolejna fala krzyków. Czasami bałam się, że coś złego przydarzy się mojemu tacie lub innym członkom rodziny. Nie rozumiałam, dlaczego ojciec pił tak dużo i dlaczego jego picie prowadziło do takich konfliktów. Czułam się bezsilna i przytłoczona tą sytuacją, która powtarzała się często.

Życie w takim domu było ciężkie i wypełnione strachem. Nie wiedziałam, co robić, żeby temu zaradzić. Ta sytuacja odcisnęła się na moim dzieciństwie i do dziś wpływa na moje życie.

Strach z dzieciństwa potrafi towarzyszyć nam przez całe życie, a często nawet nie zdajemy sobie sprawy, że wciąż jest obecny i wpływa na nasze decyzje. Jeśli jako dzieci przeżywaliśmy lęk przed konfliktami czy przemocą, w dorosłości bywamy nieśmiali albo unikamy spięć. Trudniej nam wtedy budować bliskie, ufne relacje, bo w tle czai się lęk przed odrzuceniem i porzuceniem.

Ten strach mieszka też w myślach i emocjach – w negatywnych przekonaniach o sobie, w niepokoju, który pojawia się nawet wtedy, gdy nic realnie nam nie zagraża. Potrafi ograniczać i oddalać nas od marzeń. Dlatego tak ważne jest, by go w sobie rozpoznać i nauczyć się z nim być, zamiast pozwalać, żeby prowadził.

Nie czułam się bezpieczna w tym domu przez te wszystkie lata, co odbiło się echem w moim późniejszym życiu. Czułam ogromny strach i wstyd, te uczucia stały się dla mnie codziennością. Tak powstało we mnie poczucie porzucenia. Ogarniał mnie lęk, kiedy obserwowałam ojca, który codziennie powtarzał te same czynności. Pomyślałam wtedy, że skoro widzi, jak cierpię ja i nasza rodzina, to musi mnie nie kochać, bo jestem tak samo niewłaściwa jak mama, i że dlatego tata nie ma dla mnie czasu. Ta mała dziewczynka obserwowała to wszystko i tak to interpretowała w swojej głowie. Nikt jej tego nie wyjaśnił.

Mój tata powtarzał wzorce swoich rodziców, którzy również doznali wiele bólu i nie umieli sobie z nim poradzić. Ich droga ucieczki prowadziła przez alkohol. Taki sam schemat był obecny w życiu mojego taty, a sekretne historie jego rodziny były przekazywane na dalsze pokolenia. Mój tata utknął w rutynie, stając się alkoholikiem, nie potrafiąc poradzić sobie z problemami rodzinnymi.

Ta dziewczynka wtedy tego nie wiedziała. Czuła, że „nie zasługuje na miłość" swojego taty, i przez całe swoje życie prosiła o miłość od innych, jednocześnie dając wiele z siebie, aby udowodnić, że jest tego warta. Ale pewnego dnia ta dziewczynka zrozumiała, że tata nie umiał inaczej, ponieważ sam miał trudne dzieciństwo i nie potrafił poradzić sobie z emocjami. On też potrzebował pomocy i wsparcia, ale nikt mu go nie dawał.

Dzisiaj ta dziewczynka jest już dorosła i może spojrzeć na te wydarzenia z perspektywy czasu. Zrozumiała, że jej ojciec, pomimo swoich błędów i słabości, sam także był bezradny wobec swoich okoliczności. W moim sercu, pomimo wszystkiego, nadal jest miejsce na miłość dla niego.

Dzisiaj strach nie rządzi już tak mocno moim życiem. Zrozumiałam, że muszę zmierzyć się ze swoimi lękami i odnaleźć w sobie odwagę, by się od nich uwolnić. Że jestem godna miłości i szacunku, niezależnie od tego, co kiedyś mi powiedziano czy w co uwierzyłam. Mogę patrzeć na siebie z miłością i zrozumieniem, zamiast z lękiem i wstydem, bo nie jestem swoją przeszłością.

Dzisiaj to, co we mnie czułe, zaczyna się koić. Czasem jeszcze przypomina o sobie, ale teraz, kiedy zrozumiałam jego źródło, wiem, jak się tym zaopiekować. Mogę wreszcie oddychać lepiej, cieszyć się życiem i czerpać z niego radość. Teraz wiem, że zasługuję na to, by być szczęśliwą. Przyjrzałam się sposobom, w jakie się chroniłam, co pozwoliło mi je uwolnić i iść własną drogą.

Kolory Życia: Od Cienia do Światła

W moich młodych latach świat wydawał się o wiele bardziej szary. Byłam przerażona istotą życia, nosząc w sercu tyle żalu, gniewu i nienawiści, które ukrywałam pod kolejnymi warstwami. Doświadczyłam, jak bezlitosny i ciężki potrafi być świat. Mój obraz Boga był niejasny – jakby zapomniał o mnie, jakby był niesprawiedliwy.

Czułam się niekochana, niezrozumiana – tak o sobie myślała ta mała dziewczynka. Nie doświadczyłam wsparcia od nikogo. Moje dziecinne przekonania o sobie zaczęły się formować – że „jestem głupia", że „coś ze mną jest nie tak". Powtarzające się sytuacje zasilały te negatywne myśli, kształtując moją tożsamość.

Zaakceptowałam, że życie to ciężki bagaż, pełen smutku, z którego radość zniknęła. Wiele wydarzeń i uczuć wyparłam. Nie pamiętam ich, moja podświadomość zrobiła swoje, zasłaniając przede mną prawdę. W ten sposób wykreował się mój własny obraz życia, niosący na plecach ciężar przekonań, które wchłonęłam głęboko. To był mój własny matrix.

Radość w życiu była mi nieosiągalna, bo była przytłoczona walką z emocjami, które niszczyły mnie od środka. Czułam się samotna i niekochana, bo takie były przekonania, które w sobie nosiłam.

Wierzyłam, że świat jest przeciwko mnie, że nie mam szans na szczęście.

Jednak pewnego dnia coś się zmieniło. Zrozumiałam, że moje przekonania są tylko moimi przekonaniami i że mogę je zmienić. Zaczęłam uczyć się o emocjach i o tym, jak sobie z nimi radzić. Powoli odkrywałam, że radości można szukać w małych rzeczach, że mogę oprzeć się na innych ludziach i budować z nimi lepsze relacje.

Moje dotychczas szare życie zaczęło nabierać kolorów. Zobaczyłam, że potrafi być piękne, że mogę być szczęśliwa i kochać siebie.

ROZDZIAŁ 12

Rewolucja Świadomości: Jak Przekształciłam Moje Przekonania

Przekonania, jakie w sobie nosiłam, te trudne, zamieniłam na dobre. Oto, co zaobserwowałam wewnątrz siebie.

Wierzyłam, że nie zasługuję na życie w obfitości. Wydawało mi się, że nie jestem dość dobra, by na nią zapracować. Po latach zobaczyłam prawdę: należą mi się wszystkie najpiękniejsze dobra Wszechświata.

Nie wierzyłam, że zasługuję na miłość. Sama nie miałam jej dla siebie, nie znałam tego uczucia, więc nie umiałam go ani przyjąć, ani dać. Aż zrozumiałam, że ja jestem miłością.

Byłam przekonana, że życie jest ciężkie, że wszystko przychodzi z trudem i zmęczeniem, a ja nie poradzę sobie z tym, co mnie spotyka. Dziś wiem, że życie jest cudowne i magiczne i że sami je tworzymy.

Wydawało mi się, że bogaci to złodzieje. Że dorobili się kosztem innych, bezwzględni i bezduszni, gotowi na wszystko dla własnego celu. Dziś rozumiem, jak wiele dobrego wnoszą do świata.

Czułam się nieważna i niewidoczna. Myślałam, że dla nikogo nie jestem interesująca, że moje zdanie się nie liczy, że wszystko jest ważniejsze ode mnie. Dziś to ja jestem ważna i widoczna dla samej siebie.

Byłam pewna, że pieniądze nie dają szczęścia, że niosą same problemy – w moim domu wiecznie były powodem konfliktów. Teraz czuję, że to cudowne mieć ich dużo i spełniać dzięki nim marzenia.

Nosiłam w sobie przekonanie, że mężczyźni są beznadziejni, słabi i nie mają nic wartościowego do zaoferowania. Po czasie zrozumiałam, że są silni i fantastyczni.

Długo czułam, że jestem niewystarczająco dobra. Że brakuje mi inteligencji, by odnieść sukces, i siły, by udźwignąć trudności. Dziś wiem, że jestem wystarczająco dobra – bo po prostu jestem.

Wierzyłam, że jestem niegodna, by mieszkać w pięknym domu i cieszyć się cudownym ogrodem, że taka przyjemność nie jest dla mnie. A dziś czuję, że mam prawo do mojego wymarzonego domu z ogrodem.

Myślałam, że nie słyszę głosu Boga, bo mnie karze – że jest surowym, karzącym autorytetem. Dziś jestem pewna, że jestem dzieckiem Boga, stworzonym na Jego wzór i podobieństwo, i że On jest we mnie. A jeśli ktoś mnie karze, to tylko ja sama siebie.

Wszystkie te przekonania były jak filtry, przez które przez lata patrzyłam na świat – i widziałam go w szarości. Ich zmiana nie przyszła od razu. Potrzebowała czasu, cierpliwości i czułości wobec samej siebie. Ale krok po kroku nauczyłam się patrzeć na siebie łagodniej i dziś żyję zgodnie z tym, w co naprawdę wierzę.

ROZDZIAŁ 13

Przemiana: Przejście od Zemsty do Empatii

Początek prawdziwej przemiany zaczyna się od siebie. Myśleć o innych tak, jak chcę, żeby inni myśleli o mnie. Czuć wobec innych tak, jak chcę, żeby oni czuli wobec mnie. Postępować z innymi tak, jak chcę, żeby oni postępowali wobec mnie.

Mój sposób myślenia kiedyś był inny, kierowany zasadą „oko za oko", „ząb za ząb". Widziałam wiele złego w ludziach, złość była moją stałą towarzyszką. Nie umiałam postępować według tej pięknej zasady. Doświadczywszy wcześniej bólu, nie potrafiłam nawet w ten sposób spojrzeć na świat.

Wychowałam się w środowisku, które nie sprzyjało takiej perspektywie. Jako dziecko otrzymałam tylko podstawową edukację, a moja osobowość kształtowała się głównie poprzez obserwację otoczenia. Ludzie wokół mnie walczyli o swoje miejsce w świecie, pokonywali jeden drugiego w różnych sytuacjach. Wydawało mi się, że posiadanie pieniędzy daje większą władzę i przewagę nad innymi. Nie znałam pojęć takich jak koncentracja, motywacja czy inspiracja – dla mnie priorytetem było po prostu przetrwanie.

Słyszałam o zasadzie „Czyńcie innym tak, jak byście chcieli, żeby wam czyniono" w Biblii, ale w tamtym czasie nie miała ona dla mnie znaczenia. Dziś już wiem, że to był mój świat, którego doświadczyłam, ale wiem też, że mogę go zmienić, jeśli tylko zechcę. Dlatego staram się korzystać z tej zasady i dostrzegać jej skutki w swoim życiu. Zmieniając swoje wnętrze i osobowość, zmieniam swój świat. Na początku procesu nie jest to łatwe, ale warto, bo z każdym kolejnym krokiem jest lepiej.

Nasze myśli, emocje i działania kształtują to, co przyciągamy do życia. Kiedy traktuję innych z szacunkiem i życzliwością, relacje stają się lepsze, a wraz z nimi przychodzą dobre sytuacje i spotkania. Kiedy noszę w sobie złość i brak empatii, wraca do mnie to samo. To, co wysyłamy w świat, zwykle do nas wraca.

Dlatego staram się świadomie kierować tym, co myślę, czuję i robię. Przemiana to proces, który wymaga cierpliwości i konsekwencji, krok po kroku. Zaczynam od małych rzeczy: codziennej wdzięczności, medytacji, książek, które inspirują mnie do pozytywnego myślenia.

Wszystko sprowadza się do wyboru: jakim człowiekiem chcę być i jak chcę żyć. Mogę zdecydować, że chcę żyć w zgodzie z zasadą wzajemności i – co najważniejsze – że chcę być szczęśliwa. To jest prawdziwa przemiana: decyzja, by być lepszą dla siebie i dla innych.

ROZDZIAŁ 14

Błądzenie w labiryntach przeszłości

Jako dziecko bardzo żałowałam mojego taty. Widziałam jego bezradność i w głębi serca wiedziałam, że jest bardzo dobrym człowiekiem, który zbłądził swoimi ścieżkami. Tak bardzo pragnął poczuć smak miłości, ale z biegiem czasu zmieniło się to w uzależnienie. Szukał tam ukojenia dla swojego serca, co pozwalało mu na chwilowe zapomnienie o bólu, który nosił już od lat.

Z czasem stał się uzależnionym alkoholikiem, a jego droga stała się bardzo skomplikowana. Moja mama także nie potrafiła wyjść z tego labiryntu. Codziennie błagała tatę, aby przestał pić, i tak było już do końca życia mojego taty. Raz czułam żal do taty, innym razem do mamy.

Ich korzenie stawały się coraz mocniejsze z każdym dniem, a ja, jako dziecko, deptałam po nich. Co było przyczyną takiej drogi, jakie schematy nimi rządziły? Oboje byli uwikłani ze swoimi rodzinami, utknęli w tym, co czułe i nieukojone jeszcze z okresu dziecięcego. Dziś jestem dorosłą kobietą i widzę te schematy.

Jak bardzo żałowałam taty, tak odbijało się to w moich relacjach partnerskich. Czy to ciągle te nieuwolnione uczucia, które niosę z dzieciństwa? Nadal odczuwam żal, gniew, litość i frustrację. Mimo że widzę te schematy, czuję, że są one we mnie. Patrzyłam na partnerów przez pryzmat tych uczuć, widząc części mojego taty, a w wielu sytuacjach części mamy w powtarzających się zachowaniach, kiedy była bezsilna. Z lojalności i miłości do rodziców utknęłam tak jak oni.

Teraz rozumiem, że jest to proces, i mam nadzieję, że kiedyś zobaczę, że przekształciłam te powtarzające się uczucia, których już nie chcę mieć przy sobie. Dziś wiem, że uzależnienie to choroba i wpływa ona na całą rodzinę. Rozumiem także, że uwięzione emocje z dzieciństwa mogą wpływać na nasze relacje w dorosłym życiu i że to, co przeżywali moi rodzice, ma wpływ na to, jak postrzegałam i odnoszę się do swoich relacji partnerskich.

Jednocześnie staram się pracować nad sobą i nie powielać tych samych schematów. Chcę nauczyć się przyjmować uczucia i wyrażać je w zdrowy i rozsądny sposób, aby uniknąć powtarzania historii moich rodziców. Niezależnie od tego, jak trudne może być odzyskanie równowagi emocjonalnej, wiem, że muszę podjąć wysiłek, aby uwolnić się od tych negatywnych wzorców. Pracuję nad tym, aby zrozumieć swoje własne emocje i przepuszczać je przez ciało, by znalazło źródło ujścia.

Widzę to jako szansę na przełamanie cyklu i stworzenie nowej drogi. Jestem świadoma, że teraz mam wpływ na swoje życie i wybory, które podejmuję. Błądzenie w labiryntach przeszłości nie jest łatwe, ale z determinacją i miłością jestem gotowa zmierzyć się z tym wyzwaniem. To jest moja historia, a ja jestem kowalem swojego losu.

Dobieramy się w pary z tym, co nosimy w sobie. Nie przez przypadek przyciągamy konkretnych ludzi. Nasze głębokie, często nieuświadomione potrzeby – głód miłości, pragnienie uznania, lęk przed opuszczeniem – stają się niewidzialnym magnesem. Jeśli w dzieciństwie nie doświadczyliśmy pełnej obecności, akceptacji czy czułości, zaczynamy szukać tego w innych, wierząc, że ktoś „na zewnątrz" dopełni naszą pustkę.

Z tymi brakami, z którymi wyszliśmy z domu rodzinnego, często nieświadomie szukamy ich odzwierciedlenia w świecie zewnętrznym. Partner staje się lustrem – odbija naszą historię, zranienia, lęki, ale też siłę i zdolność do ukojenia.

Związek to nie tylko spotkanie dwóch osób. To spotkanie dwóch systemów, dwóch dziecięcych historii, dwóch serc z ich czułymi miejscami i pragnieniami.

Niektóre relacje są lekcją. Inne są lustrem. Jeszcze inne – otwarciem drzwi do wewnętrznej przemiany. Zamiast pytać „dlaczego znowu przyciągam ten sam wzorzec?", warto zapytać: co we mnie woła o ukojenie? Jakie uczucia zostały we mnie niedostrzeżone? Czy jestem gotowa objąć siebie z miłością, zanim poproszę o nią kogoś innego?

Bo prawdziwa przemiana zaczyna się wtedy, gdy przestajemy szukać ratunku, a zaczynamy wracać do siebie – do tego miejsca, w którym jesteśmy pełnią.

ROZDZIAŁ 15

Złapanie wiatru w żagle

Jak zbudować lepsze życie? To pytanie towarzyszy mi od wielu lat. Marzenie mojego taty o posiadaniu własnego domu zawsze było również moim marzeniem. Wspomnienie tego, jak zatrzymał samochód przed pewnym pięknym domem i pokazał mi go, jest wciąż żywe. Stałam przed tą imponującą bramą, która otwierała się na pilota, a ja, jako małe dziecko, siedziałam na niej, pełna ekscytacji. W tamtym momencie to marzenie było jak oaza w moim życiu.

Niestety, nasza sytuacja szybko się zmieniła. Mój tata zaczął coraz więcej pić, a obietnica, że ten dom stanie się naszym, rozpłynęła się w powietrzu. To było bolesne, to uczucie zranienia i zdrady z powodu niespełnionej obietnicy ojca, które wywołało we mnie ogromne emocje. Mimo że byłam dzieckiem, nie spodziewałam się, że ktoś tak bliski mi może mnie tak zranić.

Przez wiele lat nosiłam w sobie to marzenie, ale również wewnętrzne przekonania, które miały wpływ na moje działania. Czy wtedy poczułam, że nie zasługuję na ten wymarzony dom? Czy przekonałam się, że „nie jestem tego warta"? Te myśli krążyły we mnie i wpłynęły na moją drogę życiową.

Często czułam pragnienie czegoś więcej, ale zauważyłam, że w pewnym momencie staję w miejscu i nie potrafię ruszyć dalej.

Dopiero teraz zaczynam rozumieć, że to wewnętrzny wzorzec, który powstrzymuje mnie przed osiąganiem marzeń. To ten krytyk wewnętrznego dziecka, który podpowiada mi, że „nie jestem wystarczająco dobra", że „nie mam wystarczająco dużo pieniędzy", że „nie poradzę sobie".

Od dziecka byłam otoczona lękiem i strachem przed nowymi sytuacjami. Moje środowisko było biedne i mało wyedukowane. Marzenia były czymś nierealnym, czymś, o czym mało kto mówił. Ale w moim sercu to marzenie o domu wciąż się tliło, nawet jeśli ukrywałam je głęboko.

Teraz, gdy patrzę w przeszłość, zastanawiam się, czy to marzenie ojca miało wpływ na moje marzenie. Przecież od zawsze mam to samo marzenie, a jestem już po pięćdziesiątce, a nigdy nie udało mi się je spełnić. Czy jestem zdeterminowana przez to, co mój tata pragnął? Czy może istnieje głębszy powód, dlaczego to marzenie tak trudno jest mi realizować?

Moje przemyślenia prowadzą mnie do wniosku, że to marzenie jest czymś więcej niż tylko odbiciem pragnień mojego taty. To marzenie stało się częścią mnie, częścią mojej tożsamości i mojego pragnienia posiadania stabilnego, bezpiecznego domu. Być może niosę po ojcu tę determinację i pragnienie, z jego zranioną częścią. Tata nosił w sobie część bólu swojego taty, który stracił wszystko: rodziców, rodzeństwo, godność i majątek. Te delikatne miejsca w sercu i wieczna emigracja były do teraz cząstkami, które w sobie nosiliśmy. To schemat przekazu pokoleniowego: „duże pieniądze to kłopoty".

Spotkałam wiele przeszkód, doświadczyłam nieuczciwości i zdrady ze strony innych ludzi. Trzymałam w ręku gotówkę ciężko zarobioną na emigracji, żeby kupić własny dom, i co się stało? Ktoś inny z rodziny był w potrzebie, więc bez zawahania użyczyłam swoich pieniędzy, co sprawiło, że odsunęłam decyzję o realizacji swojego marzenia na wiele kolejnych lat. Potem wiele razy się zawiodłam, straciłam zaufanie i odczuwałam ból. To wszystko wpłynęło na moje poczucie własnej wartości i wiarę w ludzi.

Ale teraz, kiedy patrzę w głąb siebie, widzę, że wciąż płonie iskierka nadziei. Wciąż mam pragnienie zbudowania lepszego życia dla siebie. Wiem, że przezwyciężę swoje wątpliwości i lęki. Uczę się ufać sobie i uwierzyć, że zasługuję na spełnienie tego marzenia.

Chcę przyjrzeć się tej cząstce taty, którą nosiłam w swoim sercu. Skoro on uznał, że nie da rady, to ta sama część była we mnie. Doświadczyłam krętej drogi, a teraz wyszłam na prostą i widzę swój cel. To marzenie jest napędzane moją wiarą w siebie, w to, że jestem zdolna do osiągnięcia tego, czego pragnę.

Oddałam tacie to, co nie było moje, co mi nie służyło. Zrobiłam to w wewnętrznym, mentalnym dialogu z tatą. Popatrzyłam na wszystkie emocje i wypuściłam je ze swojego wnętrza. Wiem również, że podążę za swoimi marzeniami, że złapię wiatr w żagle. Myślę, że mam teraz siłę, wiarę oraz zrozumienie, że nie mogło być inaczej.

Może nie będzie to dokładnie ten dom, który wyobrażałam sobie jako dziecko, ale będzie to mój własny kawałek miejsca, gdzie poczuję się bezpiecznie i spełniona w swoim pięknym ogrodzie.

Wiem, że będę dalej uczyć się zaufania – do siebie i do ludzi – i rozpoznawania tych relacji, które są uczciwe, nie tracąc przy tym czujności. Krok po kroku idę ku swojemu marzeniu.

ROZDZIAŁ 16

Odnalezienie Spokoju: Jak poradziłam Sobie z Zamartwianiem Się

Jeżeli nie mam wpływu na pewne wydarzenia, to nie ma sensu trwać w ciągłym niepokoju. Nie zawsze łatwo jest przestać martwić się o sprawy, które leżą poza moją strefą kontroli, a frustracja z niemożności działania jest naturalna. Ale wybór życia bez ciągłego zamartwiania się okazał się kluczem. Kiedy odpuszczam to, na co nie mam wpływu, przychodzi ulga, a ja mogę skupić się na tym, co naprawdę jest w moim zasięgu, i żyć w większym spokoju.

Zamartwianie się to nauka, którą wyniosłam z domu rodzinnego. Wówczas uważałam, że to norma. Każdego ranka moja rodzina obawiała się dnia, który się przed nią rozwijał. Zanurzona w tym strachu, zaczynałam dostrzegać, jak silnie wpływał on na nasze życie. Dziś, patrząc na to z perspektywy czasu, widzę, jak ten strach oplatał ich życie niczym łańcuchy.

Stałam się świadomym obserwatorem, zdając sobie sprawę, że nie wszystkie rodziny funkcjonują w ten sposób. Ten schemat powtarzał się i zaczynał kierować moim życiem. Przyglądając się innym, zauważałam, jak różnią się od mojej rodziny. Zaczęłam zastanawiać się: „Co jest nie tak z nami?" Gdy uświadomiłam sobie, że emocje moich najbliższych odbiły się na mnie, postanowiłam obserwować sytuację i jasno określić, czy mogę coś zmienić, czy mam na nią wpływ.

Ta przejmująca świadomość pochłonęła lata mojego życia. Dzisiaj moja perspektywa jest inna. Nauczyłam się, że jeżeli nie mogę wpłynąć na to, co dzieje się w mojej rodzinie, a oni nie chcą tego zrozumieć, to nie mogę pozwolić, by to mnie zdominowało. Wykorzystuję ten czas na rzeczy, które mnie inspirują i przekształcają moje myślenie.

W moim domu rozmowy często krążyły wokół finansów, z lękiem, że nie wystarczy na wszystko, i z obawą, czy tata znowu wróci do domu pijany. Panował wszechobecny strach, a ja zaczęłam zatracać się w zamartwianiu o najmniejsze szczegóły.

Pewnego dnia uświadomiłam sobie, że nawet kiedy wszystko idzie zgodnie z planem, ja wciąż jestem przygnębiona, dręczona nieustającym lękiem. Zrozumiałam, że zamartwianie stało się moim nawykiem. Wtedy podjęłam decyzję: nie mogę wiecznie brać na siebie odpowiedzialności za innych ani za to, na co nie mam wpływu.

Zaczęłam więc uczyć się radzić sobie z własnym niepokojem. Ta transformacja nie była łatwa i wymagała wiele pracy nad sobą.

Na początku trudno było odróżnić sytuacje, które mogę kontrolować, od tych, które są poza moją kontrolą. Często łapię się na powracaniu do starych nawyków. Ale nie poddałam się. Krok po kroku, dzień po dniu, starałam się być bardziej świadoma swoich emocji i reakcji, dostrzegać, ile energii marnuję na to, co i tak nie jest w moim zasięgu.

To było dla mnie prawdziwe przebudzenie. Zrozumiałam, że mogę żyć inaczej, mogę cieszyć się chwilą zamiast ciągle martwić się o przyszłość. Postanowiłam otoczyć się ludźmi, którzy podzielali mój nowy sposób myślenia o życiu, którzy również nie chcieli spędzać życia w ciągłym strachu i niepokoju. Ich wsparcie i zrozumienie okazały się dla mnie bezcenne.

Dzisiaj, patrząc wstecz, widzę, jak daleko zaszłam. Czasami zdarza mi się zapomnieć o tej lekcji, ale zawsze do niej wracam.

Dziś wiem, że zmiana jest możliwa. Mogę odłożyć na bok niepotrzebne zmartwienia i cieszyć się chwilą, niezależnie od tego, co przyniesie przyszłość. Ta świadomość przyniosła mi spokój i siłę, którą chcę dzielić z innymi. Bo skoro ja mogłam, to wierzę, że i inni mogą.

ROZDZIAŁ 17

Pokoleniowy schemat: walka o mieszkanie rodziców, dziadków i moje

Od najmłodszych lat obserwowałam, jak moja mama walczy o socjalne mieszkanie. Te wizyty w urzędzie miasta, napięcie malujące się na twarzy mamy i nasze nazwisko na liście oczekujących, które nigdy nie zdawało się zbliżać do celu, stały się naszą codziennością. W naszym domu, oprócz tego napięcia, panowały również surowe zasady babci i ciągła walka z ojcem, co stwarzało atmosferę desperacji. Mieszkanie, które w końcu otrzymaliśmy po latach starań, stało się nie tylko symbolem ciężkiej walki mojej mamy, ale też naszego rodzinnego ducha.

Teraz, zastanawiając się nad schematem pokoleniowym, zauważam, jak historia lubi się powtarzać. Gdy uświadomiłam sobie, że toczę własną walkę o mieszkanie, moje życie zaczęło przypominać starania mojej mamy i przodków. Po latach straciliśmy to wywalczone mieszkanie i historia się powtórzyła. Nowa walka, którą toczymy już jako dorośli z własnymi dziećmi, jest równie zacięta.

Historia naszej rodziny sięga jeszcze dalej, do czasów moich pradziadków, którym wojna odebrała wszystko. Byli zamożną rodziną, ale stracili godność, dom i majątek. „To, co zostaje ukryte, będzie się powtarzać w sposób nieświadomy w kolejnych pokoleniach, do momentu, aż nie zostanie ukojone" – tak myślę o naszym Rodzie. Kiedy jako dorosła kobieta zaczęłam zgłębiać naszą historię, natknęłam się na mur milczenia i rodzinne konflikty, co wydaje mi się być oznaką ukrywania prawdziwych problemów.

Dziś, z pełnym szacunkiem dla mojego rodu, patrzę w przyszłość, pamiętając o przeszłości. Widzę, jak moje przekonania o opowieściach dziadka potwierdzają się. Jego życie, pełne trudnych doświadczeń i utraty, odcisnęło piętno na całej rodzinie. Dziadek, wyrzucony z domu jako dziecko, przetrwał ucieczkę z Ukrainy do USA, rozłąkę z rodzeństwem i nieznany los rodziców. Te doświadczenia przekazał swoim dzieciom, w tym mojemu ojcu, a przez niego – nam.

Dzisiaj wiem, że odziedziczyliśmy ten ból, ale także siłę i determinację. Nie chcę, aby moje dziecko czy dzieci mojego rodzeństwa musiały przeżywać te same walki. Nasze dzisiejsze starania nie dotyczą już utraconych ziem czy majątków, ale walki o naszą godność, szacunek i bezpieczeństwo.

Chcę zostawić po sobie to, co niosę po rodzie: szacunek, godność i dumę z przynależności do tego rodu. Zrozumiałam, że to, co przekazujemy dalej, nie musi być tylko ból i strach. To, co możemy nieść po rodzie, może być jasne i pełne nadziei.

Patrząc na moje dziecko, widzę twarz pełną oczekiwań i niewinności. Wiem, że muszę zrobić wszystko, aby zapewnić mu lepsze życie, pełne szczęścia i spokoju. Ta walka, ta zmiana, zaczyna się od nas. Zaczyna się od decyzji, by zrozumieć i przełamać stare schematy, „dość" strachowi i bólu. To decyzja o zrozumieniu naszej historii, siebie samych i tego, co nas kształtuje. I to decyzja, by zapewnić, że przyszłe pokolenia będą miały lepsze życie.

Teraz, gdy staję na tej nowej ścieżce, wiem, że nie jest to łatwe zadanie, ale wiem również, że mam w sobie siłę, by dokonać tej zmiany. Siłę, którą czerpię nie tylko od siebie, ale od wszystkich tych, którzy przeszli tę drogę przed nami: od mojej mamy, która walczyła o nasze mieszkanie, od mojego dziadka, który przetrwał wojnę i stracił wszystko.

Patrzę na moje dziecko i widzę w jego oczach przyszłość, która może być inna niż przeszłość, którą znamy. To właśnie chcę przekazać dalej: nie ból i strach, ale nadzieję na lepsze jutro.

ROZDZIAŁ 18

Odwrócenie Wzorców: Zrozumienie Męskości przez Osobiste Doświadczenie

Początek mojego życia, zdominowany przez brak miłości, wsparcia i bliskości, spowodował, że moje poczucie własnej wartości było niskie przez wiele lat. Mój ojciec, pierwszy męski wzór do naśladowania, zdawał się nie radzić sobie z wyzwaniami życia, co przekształciło mój obraz mężczyzn. Zamiast być mężczyzną siły i wsparcia, wydawał się zawsze zagubiony w obliczu problemów, co wpłynęło na mój przyszły obraz męskości.

Nie zdawałam sobie sprawy, że na poziomie podświadomości szukałam w dorosłym życiu tego, czego mi brakowało w dzieciństwie. To poszukiwanie skłoniło mnie do przekraczania własnych granic, co prowadziło do nierównowagi emocjonalnej i przyciągało do mojego życia nieodpowiednie sytuacje.

Moje przekonanie o słabości mężczyzn, które wyrosło na gruncie tych doświadczeń, odbijało się na moim życiu. Często mierzyłam się z sytuacjami, które umacniały to przekonanie. Przykładowo, nieraz zdarzało mi się przejmować odpowiedzialność za problemy moich partnerów, uznając, że nie są oni w stanie sobie z nimi poradzić.

Teraz, patrząc wstecz, widzę, jak głęboko odciśnięte piętno dzieciństwa wpłynęło na moje dorosłe życie. Myślałam, że nie jestem godna miłości – przekaz, który wynikał z braku ojcowskiej miłości i uwagi. Ta bolesna prawda z dzieciństwa przełożyła się na moje związki partnerskie. Nie nauczyłam się szacunku do siebie samej, co pozwoliło innym nadużywać mojej dobroci.

Pewnego dnia uświadomiłam sobie, jak bardzo negatywne doświadczenia z ojcem zniekształciły mój obraz mężczyzn. Wierzyłam, że nie są w stanie udzielić wsparcia ani zapewnić poczucia bezpieczeństwa, i podejmowałam decyzje, które tę wiarę tylko umacniały, zmuszając mnie, bym stawała się silna i samodzielna.

Przez lata szukałam w związkach tego, czego nie otrzymałam od ojca. Pomimo obecności wielu wspaniałych mężczyzn wokół mnie, zawsze wybierałam tych, którzy obiecywali więcej emocji. W pewnym sensie ta bolesna droga była ścieżką, którą musiała podążać moja dusza, aby ukoić pewną część siebie.

Zwróciłam uwagę, że większość sytuacji w moim życiu była odzwierciedleniem mojego dzieciństwa. Podobnie jak nie mogłam polegać na wsparciu ojca, nie mogłam liczyć na wsparcie moich partnerów. Ja zawsze byłam tą silną, dającą wsparcie. W końcu zadałam sobie pytanie – jak to zmienić? Czyżby istniał w moim wnętrzu jakiś automat, który mną steruje, kierując mnie ku niestabilnym związkom?

Pierwszym krokiem było zrozumienie przyczyn moich zachowań i przekonań. Drugim krokiem była zmiana mojego spojrzenia na mężczyzn, nauczenie się nowych sposobów myślenia i zastąpienie negatywnych przekonań o mężczyznach bardziej pozytywnymi. Proces zmiany przekonań wymagał czasu i cierpliwości.

Kiedy zaczęłam dostrzegać schematy, które mną kierowały, zdałam sobie sprawę, że moje serce mówi coś innego niż rozum. Moje myślenie było nasączone przekonaniem o słabości mężczyzn, co skierowało mnie na tę ścieżkę. Dzisiaj widzę mężczyzn jako osoby, które mają swoje własne wyzwania i ograniczenia, ale które są również zdolne do zmiany i powrotu do siebie.

Zmiana mojego spojrzenia na mężczyzn otworzyła mi oczy na możliwość tworzenia zdrowych, zrównoważonych relacji. Zajęłam się sobą, postawiłam jasno granice, zrozumiałam, jak ważne jest dla mnie znalezienie satysfakcji i spełnienia w innych aspektach życia. To zdecydowanie podniosło moją samoocenę.

ROZDZIAŁ 19

Odbicie w Lustrze Przeszłości

Wiele osób nie zdaje sobie sprawy, jak wiele wpływu na nasze życie ma dzieciństwo i relacje z rodzicami. Często przez wiele lat nie jesteśmy świadomi tego, że powielamy schematy zachowań, które obserwowaliśmy w domu rodzinnym. Na przykład, pochodząc z domu pełnego trudnych doświadczeń, staramy się jak najszybciej usamodzielnić i uciec od rodziców, aby uniknąć podobieństwa do nich. A mimo to często odtwarzamy dokładnie to, przed czym uciekaliśmy.

Czasami miewamy tak wiele bólu związanego z przeszłością, że nasza podświadomość nie pozwala nam pamiętać tego w danej chwili. Żyjemy w tym bólu, ale często nie jesteśmy tego świadomi.

Przez wiele lat nie rozumiałam siebie. Często miewałam sytuacje, które sugerowały, że wstałam „lewą nogą". Na zewnątrz wszystko wyglądało normalnie, ale wewnątrz czułam niepokój, jakby coś miało się wydarzyć. Z biegiem czasu zdałam sobie sprawę, że te uczucia są powiązane z moim dzieciństwem.

Moi rodzice kłócili się oczywiście o swoje sprawy, a ja z mężem o nasze. Jednak w pewnym momencie zdałam sobie sprawę, że to są schematy. Ja odczuwałam bezsilność mojej mamy, a w reakcjach męża rozpoznawałam schemat, który znałam z domu. Była to długotrwała i bolesna walka, ale z czasem zaczęłam rozumieć, jakie role graliśmy.

Kiedy spojrzałam na swoje związki z perspektywy mojej mamy, zdałam sobie sprawę, że czuję to, co ona musiała czuć. To mnie obudziło. Zaczęłam przyglądać się każdej sytuacji, jaką miałam w relacji, co otworzyło mi drogę do zmiany.

Kiedy zauważyłam te schematy, pozwalałam sobie świadomie przepłynąć tym emocjom przez moje ciało, co pokazywało mi za każdym razem powrót do dzieciństwa. Ta emocja, tak silna i tak często zraniona, zaczęła być zauważalna. Zaczęło się wszystko zmieniać. Już nie było żalu ani pretensji do partnera, bo pojawiło się zrozumienie schematów i tego, w jaki sposób każde z nas się chroniło.

Patrząc na to z drugiej strony, na dzieciństwo mojego partnera, widziałam obraz jego rodziców, gdzie on odgrywał rolę swojego ojca, podczas gdy jego mama była zmuszona załatwiać wszystko sama. Dopiero kiedy to zauważymy i przyjmiemy z pełną świadomością, wpuszczamy światło nadziei na ukojenie. Jeśli tego nie zrobimy, nic się nie zmieni i wciąż będziemy walczyć z tym, co woła o ukojenie.

Mój powrót do siebie to droga pełna wyzwań, ale jestem spokojniejsza i wszystko jest dla mnie bardziej zrozumiałe. Patrzę na świat przez proces duchowy i wiem teraz, że nasze dusze zeszły się w celu ukojenia obu stron, ponieważ jesteśmy razem, wiele przeszliśmy i na poziomie duchowym kochamy się bardzo. Choć na poziomie ziemskim wyglądało to zupełnie inaczej, to kiedy zaczęłam koić swój poziom duchowy, moje doświadczenia zewnętrzne zaczęły odzwierciedlać te zmiany.

Patrząc na to jeszcze głębiej, zdałam sobie sprawę, że wybrałam sobie takie doświadczenie duszy, aby zejść tutaj na ziemię i ukoić swoją duszę oraz schematy w moim rodzie. W tym teraz się spełniam i czuję, że mogę pomóc innym.

Moja droga do siebie nie była łatwa. Wymagała odwagi, zrozumienia i akceptacji siebie, mojej przeszłości i obecnego życia, a także świadomości, że nie jestem w tym sama. Wiele osób przechodzi przez podobne doświadczenia i walki.

Na tej drodze jestem teraz bardziej świadoma, bardziej spokojna i bardziej wyrozumiała. Zrozumiałam, że każda osoba, z którą miałam do czynienia w moim życiu, niezależnie od tego, jak trudne były te interakcje, była częścią mojej drogi powrotu do siebie. Każda z tych osób pomogła mi zrozumieć, co chcę w sobie ukoić.

A dla tych, którzy czytają moją historię, mam nadzieję: niezależnie od tego, jak trudne bywają nasze doświadczenia, zawsze jest nadzieja, zawsze jest ukojenie i miłość. I nigdy nie jesteśmy w tym sami.

ROZDZIAŁ 20

Nigdy nie powstrzymuj swoich uczuć

„Nigdy nie powstrzymuj swoich uczuć" – to zdanie napisałam jako nastolatka na ścianie swojego pokoju. Pochodzenie tego zdania jest niejasne, nie pamiętam, co skłoniło mnie do napisania go w tak widoczny sposób. Teraz, po latach, uważam, że było to jakby przewodnictwo wyższych sił, które miało mi pomóc wyrażać moje uczucia i ustanawiać granice.

Przez wiele lat było dla mnie niezrozumiałe i zapadło w zapomnienie. Przypomniało mi się dopiero po latach, gdy mierzyłam się z trudnościami i obserwowałam swoje życie z dystansu. Zrozumiałam wtedy, jak bardzo uciekamy od bólu i od emocji, które bolą.

Zrozumiałam, że powinnam przyjrzeć się temu uczuciu, za którym ukryte są emocje, które chcą zostać dostrzeżone. Ta realizacja była dla mnie kolejnym przełomem i popchnęła mnie do analizy moich doświadczeń. Uświadomiłam sobie, że emocje były zawsze obecne w moim życiu. Nauczyłam się, że uczucia są mową duszy i nigdy nie powinniśmy ich powstrzymywać, bo to, co czujemy, wpływa na to, co przyciągamy do swojego życia.

Teraz to zdanie towarzyszy mi w codziennym życiu, pomagając mi wyrażać siebie, uwalniać emocje i rozwijać się. Odkryłam, że to, co czujemy, ma ogromną moc i wpływa na naszą rzeczywistość.

Dzisiaj rozumiem, jak bardzo pomogło mi to przetrwać trudności. Zamiast zamykać się przed swoimi uczuciami, staram się pozwolić sobie na pełne ich doświadczenie i odkryć ich tajemnice. Ufam swojej duszy i nie powstrzymuję emocji, bo to, co czuję teraz, kształtuje moją dalszą drogę.

Obawiałam się wyrażać swoje emocje i mówić głośno o tym, co czuję, z obawy przed odrzuceniem lub krytyką. Ale zrozumiałam, że ignorowanie moich uczuć tylko pogorszyło moje życie i utrudniało mi osiągnięcie szczęścia.

Dzisiaj wiem, że emocje są jednym z najważniejszych elementów życia. To one decydują o tym, jak się czujemy, jakie ścieżki wybieramy i jak traktujemy innych. Kiedy je tłumimy, wprowadzamy do swojego życia chaos, który odbija się na zdrowiu, relacjach i codziennym spokoju.

To zdanie, które kiedyś napisałam na ścianie, stało się moim drogowskazem. Motywuje mnie, by być coraz bardziej autentyczną i szczerą, wyrażać swoje emocje i wciąż się rozwijać.

ROZDZIAŁ 21

Piękno, które mnie otacza

Piękno, które mnie otacza, to droga, której musiałam się nauczyć. Przez wiele lat wędrowałam różnymi ścieżkami, szukając jego prawdziwego znaczenia. Początkowo myślałam, że kryje się tylko w tym, co widzę na zewnątrz: w malowniczych krajobrazach, kolorowych kwiatach, olśniewających zachodach słońca. Z czasem zrozumiałam, że sięga ono znacznie głębiej.

To, czym naprawdę żyję, jest przede wszystkim wewnętrzne. Rodzi się w sercu i emanuje z naszych myśli, uczuć i działań. Nasze wybory i postawy decydują o tym, jak postrzegamy świat.

Czasami wystarczy spojrzeć na uśmiech dziecka, poczuć ciepło słońca na skórze lub zanurzyć się w ulubionej książce, aby poczuć, jak piękno przenika nasze istnienie. Jest ono obecne w naturze, sztuce i muzyce, ale także w miłości, życzliwości i wzajemnym zrozumieniu.

Wdzięczność do siebie i świata jest kluczem do pięknego życia. Kiedy doceniamy siebie i to, co nas otacza, każdy dzień staje się darem, który warto docenić.

Nie zawsze łatwo jest dostrzegać piękno w otaczającym nas świecie. Często jesteśmy przytłoczeni codziennymi zmartwieniami, presją i pośpiechem, które zakrywają nam oczy. A przecież nasze nastawienie ma ogromne znaczenie w tym, jak postrzegamy rzeczywistość.

Możemy też tworzyć piękno wokół siebie, działając zgodnie z naszymi wartościami i pasjami: przez twórczość, dobroczynność, pomaganie innym czy pielęgnowanie relacji z bliskimi. Kiedy oddajemy się temu, co nas inspiruje, stajemy się kanałem, przez który piękno przepływa do naszego życia i do innych.

Często to, co dla nas jest naturalne i łatwe, dla innych bywa niezwykle piękne i inspirujące.

Piękno, które nas otacza, jest często ukryte w drobiazgach i szczegółach, które w codziennym pośpiechu łatwo przeoczyć. Dlatego warto zwolnić, zatrzymać się i spojrzeć na świat wokół nas. Odkryjemy wtedy delikatność płatków kwiatów, harmonię dźwięków muzyki, subtelność gestów i uśmiechów. Piękno jest wszędzie i czeka, abyśmy je dostrzegli i docenili.

Cieszmy się nim każdego dnia i dzielmy się nim z innymi. Bo piękno, które nas otacza, jest nie tylko dla nas samych, ale i dla całego świata. Jest drogą, której wciąż się uczę, ale też nagrodą i sensem życia.

ROZDZIAŁ 22

Radykalne wybaczenie

Radykalne wybaczanie to filozofia i praktyka uwalniania gniewu, urazy i emocjonalnego bagażu związanego z przeszłością, z sytuacjami, które nas raniły i wprowadzały nieporozumienia. Wybaczanie jest trudne, ale to jeden z najpotężniejszych i najbardziej wartościowych kroków, jakie możemy podjąć, by odzyskać emocjonalną i duchową wolność. Pozwoliło mi zrozumieć, że nie muszę być ofiarą swoich doświadczeń, bo to ja wybieram, jak na nie reaguję.

W radykalnym wybaczaniu kluczowe było dla mnie zrozumienie, że wybaczenie jest dla mojego dobra, a nie dla dobra innych osób, które mnie skrzywdziły. Jest to dla mnie sposób na uwolnienie się od negatywnych emocji i na zrozumienie samej siebie oraz innych ludzi. Zrozumiałam, że te emocje miały wpływ na mnie, na moje myśli. One nakręcały wiecznie te doświadczenia, żebym była w tym procesie. Ciągle się to powtarzało.

Z drugiej strony, obserwowałam to i zdawałam sobie sprawę, że moje zachowanie i emocje z nimi związane szły kompletnie automatycznie. Koło się zamyka, a ja pędziłam na karuzeli myśli, które były nafaszerowane negatywnymi, niesprzyjającymi emocjami, za którymi krył się wiecznie gniew, żal i bezsilność wobec każdego kolejnego doświadczenia.

Pewnego dnia zrozumiałam, że myślami tymi były moje przeszłe doświadczenia z dzieciństwa. To był pierwszy krok do ich ukojenia, żeby zmienić każdy kolejny mój krok. Jest to proces, który wymaga czasu i wysiłku, ale warto go poświęcić. Z czasem daje mi możliwość pogodzenia się z przeszłością oraz skupienia się na teraźniejszości i przyszłości.

Nie oznacza to, że akceptuję złe zachowanie ludzi, ale uwalniam się od bagażu, który niosą ze sobą te sytuacje. Zrozumiałam źródło swoich emocji, uznałam je za ważne i realne, skupiłam uwagę na emocjach, jakie czuję. Postanowiłam uwolnić te emocje poprzez wybaczenie osobom, które mnie skrzywdziły, ponieważ mam świadomość, że bez procesu radykalnego wybaczenia powracały do mnie jak bumerang.

Pomogło mi w tym zrozumienie zachowania i historii tej osoby: że ona również niosła ciężar swojego życia i szła przez nie ze swoimi programami i emocjami wewnętrznymi. To całkowicie zmieniło mój punkt widzenia. Czasu nie cofnę, ale mogę zmienić moje podejście i zrozumienie przeszłych, trudnych doświadczeń, co pozwala mi ruszyć dalej bez ciężkiego obciążenia emocjonalnego.

Najprostszą techniką radykalnego wybaczenia była i jest dla mnie technika pisania listów, w których mogłam dogłębnie wyrazić wszystkie swoje emocje, wszystko, co czułam. Mogłam napisać wszystko, co chciałam wypuścić z mojego ciała i z mojej przestrzeni. Papier przyjmie wszystkie emocje i nie będzie nas oceniać. Jest też czas, aby przyjrzeć się temu, co nas tak bardzo zraniło i jak ukształtowało naszą osobowość.

Napisałam trzy listy, dzień po dniu, do osoby, do której chciałam je skierować. Pierwszy list był ciężki, w drugim było już mniej emocji, a trzeci przyniósł mi zrozumienie i żal wobec tej osoby, gdy przyjrzałam się, w jakim miejscu się znajdowała. Zdarzało się, że powtarzałam ten proces od nowa, ponieważ zauważałam, że jeszcze nie wszystko puściło.

Z czasem zaczęło się wszystko powoli zmieniać. Robiło się spokojniej, doświadczałam mniej negatywnych uczuć, zmieniła się też jakość mojego życia, ponieważ zmieniłam swoje spojrzenie na innych. Nie brałam już wszystkiego tak osobiście i zaczęłam widzieć w danej osobie program, przez który przechodzi. Podniosłam też swoją barierkę, co sprawia, że nie pozwalam już tak łatwo innym wejść mi na głowę. Myślę, że zrozumienie tego było bardzo ważnym aspektem mojego życia.

ROZDZIAŁ 23

Z jaką lekcją przyszłam na ten Świat do odrobienia

Przytłoczyły mnie negatywne emocje i urazy z przeszłości, które wciąż powracały. Moje dzieciństwo upłynęło w ubogiej rodzinie, gdzie brakowało wsparcia i poczucia bezpieczeństwa. W domu pełnym zgiełku i chaosu nie znalazłam swojego kąta, biurka ani chwili potrzebnej ciszy. Brak wzorców do naśladowania utrudniał mi naukę zdrowego życia. Każdy dzień wydawał się walką o przetrwanie, pełen stresu i złości, testem wytrzymałości.

Nie otrzymałam wiele od rodziny: brak prezentu na komunię, nieświętowane urodziny, brak wsparcia w ważnych momentach życia. Ale teraz zastanawiam się, jaka jest moja misja w tej rodzinie i czego mogę nauczyć się z tych doświadczeń. Rozmyślam o przyszłości i o tym, jak mogę sprawić, by moje kolejne doświadczenia były lepsze.

Kiedyś obwiniałam innych za swoje problemy, czując brak prawdziwej miłości w cieniu problemów ojca z alkoholem i konfliktów rodziców. Finanse były rdzeniem tych sporów. Mój ojciec ciężko pracował, ale dla nas, czwórki dzieci, zawsze brakowało pieniędzy. Te trudności, choć przytłaczające, dały mi siłę i mądrość.

Dzięki akceptacji i decyzji o wybaczeniu mojej rodzinie mogłam zacząć oczyszczać swoje emocje. Wybrałam drogę miłości do siebie, drogę wsparcia dla siebie. Uświadomiłam sobie, że te doświadczenia mogę teraz przekształcić w lekcje dla świata. Chcę dzielić się tym, czego nauczyłam się o wytrwałości, sile, akceptacji i wybaczeniu.

Patrząc na to, jak daleko zaszłam, podziwiam w sobie odwagę, siłę i zdolność do przetrwania. Moje doświadczenia, choć trudne, przyniosły wiele wartościowych lekcji, za które jestem wdzięczna i które chcę wykorzystać, by stawać się lepszą wersją siebie.

Dodatkowo, ważną lekcją była dla mnie obserwacja codziennej walki między moimi rodzicami. Ich konflikty oddalały ich od siebie, tworząc w moim umyśle zniekształcony obraz miłości. Nie nauczono mnie, czym jest prawdziwa miłość: miałam zupełnie inny obraz, oparty na braku bliskości.

Jednak dzisiaj widzę, że moi rodzice, mimo swoich trudności, kochali się głęboko. Oboje nosili w sobie ból z dzieciństwa, który przeniknął do ich związku i rodzinnego gniazda. To właśnie ten ból przekazywali dalej swoim dzieciom.

Moja lekcja, jaką wyniosłam z tych doświadczeń, dotyczy miłości, szacunku, godności oraz wartości własnej i wartości mojego partnera. Zrozumiałam, że aby podnieść te wartości na wyższy poziom i zaopiekować się tym, co we mnie delikatne, a co wyniosłam z domu rodzinnego, muszę najpierw to w sobie zrozumieć i zaakceptować. Tylko w ten sposób mogę zbudować zdrowy, pełen miłości i szacunku związek, wolny od dawnych wzorców, które znałam z dzieciństwa.

To głęboka refleksja nad tym, co w życiu jest naprawdę ważne, i nad tym, jak własne doświadczenia kształtują nasze przyszłe wybory i relacje. Te lekcje stały się dla mnie światłem przewodnim i fundamentem lepszego życia, zarówno dla mnie, jak i dla osób, które mnie otaczają. Dziś, stojąc na tej nowej ścieżce, czuję się silniejsza i bardziej świadoma tego, kim jestem i dokąd zmierzam. Wierzę, że wszystko, co przeszłam, choć trudne, jest nieocenionym darem, który pozwala mi przekazywać mądrość i miłość dalej, inspirując innych do znalezienia własnej drogi do siebie.

ROZDZIAŁ 24

Podróż ku Wartości: Moje Przemiany i Odkrycia

Przez lata, zanurzona w codziennym życiu, nie zastanawiałam się głębiej nad swoim poczuciem wartości. Jak większość z nas, pochłonięta byłam rutyną, nie znajdując czasu na refleksję. Nikt nie zatrzymał się, aby ze mną porozmawiać o tym ważnym temacie. Życie pędziło zbyt szybko.

Dzisiaj, patrząc wstecz, zaskakuje mnie, że mogłam wydawać się osobą o silnym poczuciu wartości. Teraz jednak rozumiem, że rzeczywistość była inna. Byłam przedsiębiorcza, stworzyłam miejsca pracy, gdyż życie nauczyło mnie szybkiego dorastania. Z zewnątrz prezentowałam się jako kobieta, która zna ból i otwiera swoje serce na innych, aby pomóc. Jednak wewnątrz czułam się nadal jak przestraszona, mała dziewczynka. Zaniedbywałam siebie, skupiając się na pomocy innym. Wyemigrowałam, założyłam firmę nie znając języka, wszystko po to, aby wesprzeć innych.

Zaczęłam zastanawiać się, jakie było wtedy moje poczucie wartości. Czy byłam wzorem do naśladowania? Czy ludzie mnie podziwiali? Te pytania uświadomiły mi, że wartość rodzi się z tego, jak sama się czuję, i że jest siłą, która pozwala mi iść naprzód.

Odpowiadam sobie szczerze: było wtedy bardzo niskie. Moją największą przeszkodą był strach – przed wstydem, przed wyśmianiem. Gdy ktoś podważał moją godność, zaczynałam się jąkać, a lęk paraliżował mój głos. To była walka z własnym ego i ze strachem przed odrzuceniem.

Wielką lekcją była nauka języka angielskiego. Żyjąc w Anglii, pochłonięta pracą, aby niczego nie brakowało mojej rodzinie, nie miałam czasu na naukę. Mój głos blokował się w obecności osób poprawiających moją wymowę. Znowu ten sam lęk przed wstydem.

Z czasem spojrzałam na to wszystko z dystansem. Zrozumiałam, że moja wartość nie zależy od opinii innych. To ja decyduję, kim jestem i co reprezentuję.

Doszłam do punktu, w którym zmieniłam wiele. Zmieniłam miejsce zamieszkania na egzotyczną wyspę, otaczając się każdego dnia pięknem natury. To daje mi spokój i radość, niezbędne dla mojego poczucia wartości. Zaczęłam odkrywać swój potencjał.

ROZDZIAŁ 25

Echa przeszłości: Ścieżka do Samouzdrawiania

Przyszedł moment, kiedy płacz stał się nie do opanowania. Był tak intensywny, że nie mogłam się powstrzymać. Obudził mnie sen, ukazujący mi otoczenie w płomieniach – budynki, mosty. Pomimo tego była w nim uderzająca świadomość bezpieczeństwa dla mnie i mojej rodziny. To było coś nowego, ponieważ często odczuwałam strach o najbliższych.

Teraz, niezdolna do wstania z łóżka, pochłonięta płaczem, uświadomiłam sobie jego kojące działanie. Łzy te oczyszczały całą moją przeszłość, tę spaloną w śnie. Czułam, że stałam się inną osobą, nie pozwalając już na tak bolesne doznania.

Ostatnio nauczyłam się żyć w samotności, uświadamiając sobie, że mogę polegać tylko na sobie. Nie prosiłam nikogo o nic, nie chciałam ponownie się sparzyć. Stopniowo wszystko zaczęło mi się układać, a w sercu zagościł wewnętrzny spokój.

Choć brakowało mi ciepłego uścisku, wsparcia męskiego ramienia. Tęskniłam za tą opoką, którą miał być dla mnie ojciec, lecz której nigdy nie otrzymałam. Moje dzieciństwo nie było pełne wsparcia, miłości ani poczucia bezpieczeństwa ze strony ojca, jak już wspominałam. Ta bolesna prawda ciążyła na mnie przez lata.

Obserwując, jak podobne wzorce zaczynają pojawiać się w moich związkach, te subtelne, ale niepokojące echa mojej przeszłości stawały się coraz bardziej wyraźne.

Teraz, gdy zdaje mi się, że wiem tak wiele, że jestem już tak daleko, że pokonałam taką drogę, nadchodzą dni, kiedy wydaje mi się, że „nic nie wiem". Dni, kiedy patrzę na moje doświadczenia, zapisane w podświadomości jako delikatne miejsca, które wciąż noszą blizny. W tych chwilach zastanawiam się, czy moje myślenie jest poprawne, czy to moja podświadomość podsuwa mi wspomnienia z przeszłości. Wtedy naprawdę „nic nie wiem".

Jednak pewnego dnia uświadomiłam sobie, że wszystko ze mną jest w porządku. Mimo że jedna część mnie nadal czuje i pamięta te delikatne miejsca, jest we mnie ta druga część, która już pracuje z moją świadomością. Świadomością, która jest dla mnie wszystkim – całym wszechświatem, miłością, Bogiem.

Uczę się widzieć wszechświat jako integralną część siebie i uświadamiam sobie, że życie mnie kocha i wspiera. Zmieniłam kierunek swojej ścieżki, krocząc powoli, krok po kroku, w zgodzie z całym wszechświatem i jego miłością. To pozwala mi napełnić moją wewnętrzną pustkę, która tak długo wołała o miłość. Pozwalam sobie na miłość, bo na nią zasługuję.

Kiedy jestem napełniona miłością, moja energia, moje wibracje, całkowicie się zmieniają. Moje zmysły się otwierają, widzę więcej, czuję więcej, więcej otrzymuję. Przyciągam to, czym jestem, co czuję, czym jestem napełniona.

Poznałam swoją przeszłość, a teraz otaczam ją troską, aby to, co czułe, z czasem się zagoiło. Moja przeszłość może być moim echem, ale nie musi definiować tego, kim będę.

To, co naprawdę się liczy, to to, kim jestem teraz, i to, że czuję swoją drogę, w jakim kierunku zmierzam. Jestem pewna, że przede mną jest pełna obiecujących możliwości droga, i z każdym nowym krokiem idę z wdzięcznością.

ROZDZIAŁ 26

Sztuka Bycia: Odkrywanie Siebie w Codziennym Życiu

Przyszłam na ten świat jako małe dziecko, nic nie pamiętając, ale od najwcześniejszych lat, jakie mogę sobie przypomnieć, odczuwałam w swoim sercu delikatne, bolesne miejsca. Wszystkie te lata dorastania, nie potrafiłam zrozumieć tego uczucia, odczuwałam gniew i żal, co wyraźnie wpłynęło na moją osobowość.

Ale czy naprawdę przychodzimy na ziemię, by żyć w żalu i codziennie walczyć z życiem? Życie jest darem i cała jego istota polega na tym, aby przeżyć je jak najpiękniej. Każdy dzień to szansa na zrozumienie siebie i odkrycie swojego potencjału. Mamy wybór, co chcemy robić, co zobaczyć i jak przeżyć nasze życie, niezależnie od napotkanych trudności. Dostrzegamy piękno Wszechświata, wschody i zachody słońca, i jesteśmy częścią tego wszystkiego. Cieszmy się tym i żyjmy z pasją, by nie przegapić żadnej chwili.

Zrozumienie tego było dla mnie długim procesem. Gdziekolwiek idziemy, na cokolwiek patrzymy, jeśli nasze serca nie zaznały ukojenia, nie jesteśmy w stanie dostrzec i zrozumieć procesu życia i piękna Wszechświata. Tak bardzo jesteśmy przytłoczeni problemami, że codziennie walczymy z samymi sobą i ze strachem, który nas prześladuje. Skupiamy energię na tym, co zaprząta nasze myśli, i w ten sposób doświadczamy rzeczywistości.

Postanowiłam przyjrzeć się temu procesowi i bacznie obserwować, na czym skupiam swoją energię. Obserwuję swoje emocje, analizuję uczucia, które je wywołują, i wtedy wiem, czy są dla mnie korzystne. Jeśli czuję, że coś mi nie służy, nie idę za tą energią. Moje ciało daje mi sygnały, które pomagają mi zrozumieć, co jest dla mnie dobre, a co nie.

Gdy zrozumiałam tę prawdę, zdecydowałam się, że będę starała się zawsze czuć dobrze. Zaczęłam swoją przemianę od tego, co sprawia, że moje oczy się cieszą – od wschodów i zachodów słońca. Każdy nowy wschód to początek nowego, pięknego dnia, a to, jak go spędzić, zależy wyłącznie ode mnie. Zachód słońca i śpiew ptaków zaś kołyszą mnie do snu, zamykając jeden rozdział, by na nowo otworzyć kolejny z nastaniem świtu.

Ta codzienna praktyka nauczyła mnie czerpać radość z małych rzeczy i zrozumieć, że wartościowe momenty kryją się w najprostszych doświadczeniach. Zmieniło to mój sposób postrzegania świata, życia i samej siebie. Odkryłam, że oto jest sens życia: nie w wielkich gestach czy ambitnych celach, ale w codziennych chwilach spokoju, radości i wdzięczności za dar, jakim jest każdy nowy dzień. To właśnie one stanowią prawdziwe piękno życia, a my, ciesząc się nimi, odnajdujemy siebie i odkrywamy nasz prawdziwy potencjał.

ROZDZIAŁ 27

Szepty natury: droga do pokory i uzdrowienia

Za dawnych czasów moje życie było naznaczone brakiem pokory. Na każdym kroku widziałam niesprawiedliwość i nie umiałam poczuć wdzięczności za to, co mam. Coś we mnie odciągało od piękna natury: nie dostrzegałam jej mocy, jej cichej zdolności napełniania życia energią i spokojem. A przecież ona tak hojnie ofiarowuje swoje dary.

Słońce, które każdego dnia wschodzi na niebie i niesie ciepło, wydawało mi się jedynie codzienną koniecznością. Jakże niewłaściwie je widziałam. A przecież jego promienie są esencją życia. Potrafią podnieść na duchu i zaprosić do zmiany. Kojący szum rzek i rytm wodospadów długo pozostawały dla mnie tajemnicą. Dźwięk wody, płynącej swobodnie, przypomina o nieustannym przepływie życia, o zmianach, które są jego naturalną częścią. Natura przemawia do nas swoim szumem, przekazuje swoją mądrość i uczy pokory. Długo byłam głucha na tę lekcję. Szum morza, jego harmonijny rytm fal, był dla mnie jedynie tłem. Nie zauważałam, że ta melodia potrafi wprowadzić umysł w stan głębokiego spokoju.

Odkryłam, że oto jest sens życia: nie w wielkich gestach czy ambitnych celach, ale w codziennych chwilach spokoju, radości i wdzięczności za dar, jakim jest każdy nowy dzień. Kiedyś umykało mi to wszystko w gwarze obowiązków, w zamęcie mojego niezadowolenia. Dziś rozumiem, że natura jest darem, który mogę docenić. Jej piękno i mądrość są źródłem, z którego czerpię każdego dnia. Wystarczy się zatrzymać, posłuchać i pozwolić jej uczyć mnie pokory, wdzięczności i miłości do życia. Zatopiłam się w ciszy, wsłuchana w naturę wokół mnie, i z tej ciszy narodził się wiersz:

Połknij promienie słońca, wciągnij blask księżyca, nasłuchuj dźwięków rzeki, wodospadu pulsującego życiem. Dźwięki skrzydeł ptaków, wyjątkowe, różnorodne i pełne życia. Każdy ton, każdy śpiew ptaka jest unikalnym symbolem wolności. Podążaj za szeptem morza, słuchaj skrzydła ptaka w locie, pozwól, aby koiły twojego ducha i ciało. Skacz, tańcz i śpiewaj, aby żyć pełnią szczęścia, oddychaj głęboko, daj sobie prawo do odpoczynku. Okaż miłość dla siebie, zawsze o tym pamiętaj, to ty jesteś swoim najcenniejszym skarbem. Natury kojące dźwięki i kolory pomogą ci osiągnąć spokój i równowagę, a miłość do siebie pozwoli ci poczuć się silną i pewną siebie. Nie zapominaj, że kojąca moc jest w tobie i wokół ciebie. Troszcz się o siebie, korzystając z kojącej mocy natury.

ROZDZIAŁ 28

Sterownik Mojej Rzeczywistości

Czym jestem naprawdę kierowana? Czy to moja podświadomość, ten enigmatyczny aspekt mojego umysłu, który pociąga za sznurki, często ignorowany, ale zawsze obecny? Wiele razy odkryłam, że mimo pragnienia działania inaczej, często działam na autopilocie, jakby niewidzialny impuls sterował mną.

To zaskakujące zjawisko skłoniło mnie do refleksji, by przyjrzeć się serii powtarzających się doświadczeń, które miały miejsce niezależnie od mojego aktywnego udziału. Czy to jest klucz do zrozumienia mojej podświadomości? Postanowiłam poddać to bliższemu badaniu.

Zaczęłam przyglądać się temu, jakie przekonania i oceny mam na swój własny temat. Jakie są moje wewnętrzne monologi? Co mówię do siebie w najgłębszych zakątkach umysłu? Przyjrzałam się także temu, jak bardzo opinie innych na mój temat wpływają na moje myślenie, na mój obraz siebie. Czy jestem niewolnicą oczekiwań innych?

Zrozumiałam, że kiedy reaguję na impuls, działam z automatu. Powtarzam te same doświadczenia, niezależnie od mojego świadomego pragnienia zmiany. „Tym jesteś, co myślisz o sobie" – jeśli w mojej podświadomości mam zapisane, że taka właśnie jestem, to staje się obrazem siebie, któremu podświadomie staram się być podobna.

Stałam przed lustrem swojego umysłu, utrzymując w nim niekorzystny obraz siebie. Wpatrywałam się w odbicia cudzych ocen, otrzymując projekcję swojego obrazu. Ale co się stało, kiedy zmieniłam przekonania o sobie?

Odkryłam, że zaczęłam doświadczać projekcji nowego obrazu siebie. Wspomnienie, kim naprawdę jestem, przyszło z głębi mojego wnętrza. Zrozumiałam, że przyszłam na ten świat, aby odnosić sukcesy i cieszyć się każdym nowym dniem, niezależnie od przeciwności losu.

Droga do zrozumienia tego jest długa, pełna zakrętów i niespodzianek. Moja podróż wciąż trwa, ale z każdym krokiem staję się bardziej świadoma siebie, swoich przekonań i tego, jak wpływają na moje codzienne życie. Patrzę na wszystko z nowej perspektywy.

Ta zmiana, choć trudna i pełna wyzwań, okazała się bezcenna. Daje mi moc i coraz większą pewność siebie. Zaczynam rozumieć, że to, co nazywam „autopilotem", to część mnie, której mogę zaufać, która ma swoją mądrość i której mogę nauczyć się słuchać. Ta nowa perspektywa stała się moim drogowskazem i początkiem pełniejszego zrozumienia siebie, ku któremu idę z nadzieją.

ROZDZIAŁ 29

Przejście przez Cień: Walka, akceptacja i przemiana

Wieczór był już późny, a ja nadal odczuwałam gorycz po kolejnym bolesnym doświadczeniu. Ktoś znowu nie dotrzymał słowa, zanurzając się we własnych kłamstwach. Zrozpaczona, wybiegłam na ulice Londynu, gdzie ciemność, wilgoć i chłód zdawały się przejmować kontrolę.

Spacerowałam, wpatrując się w ciemne niebo, przepełniona żalem i gniewem wobec wszechświata, Boga i wszystkich wokół mnie. Nieświadomie przyciągnęłam do siebie kolejne doświadczenia niskiej energii. Większość z nas nie pozwala sobie na zrozumienie i transformację tych uczuć. Sama tkwiłam długo w tej niskiej energii, wpadając w pułapkę własnego umysłu.

Wszystko wydawało się być przeciwko mnie, aż do momentu, gdy moje ciało mnie zatrzymało. Lekarze nie znaleźli nic niepokojącego, ale moje ciało było udręczone bólem. Szukałam odpowiedzi na zewnątrz, lecz dopiero zagłębiając się w siebie, odkryłam prawdę.

Zdałam sobie sprawę, że moja firma sprzątająca nie była moim powołaniem, choć poświęcałam jej codziennie dużo czasu. Przepracowanie i brak zgodności z własnym celem życia pogłębiały frustrację i wyczerpanie. Zrozumiałam, że tkwiły we mnie przekonania, które mnie blokowały: „nie jestem tego warta", „nie zasługuję na więcej", „świat jest pełen zła". Obwiniałam innych, utrzymując się w stanie niskiej energii.

Jednak gdy już nie miałam sił, by obwiniać świat zewnętrzny, skierowałam uwagę do swojego wnętrza. Zaczęłam sobie wyobrażać jasne, białe światło przepływające przez moje ciało i kojące nawet najbardziej bolesne miejsca. Wsłuchiwałam się w swoje ciało i jego dolegliwości. Miałam wrażenie, jakby w alergiach, zatokach, bolącym gardle czy napięciu w kręgosłupie kryły się dawne emocje. Tak to wtedy odczuwałam. Odkryłam delikatne miejsca z dzieciństwa, nierozwiązane konflikty i stare lęki. Moje ciało nosiło opowieści o nieudanej ochronie przed bólem i niespełnionych oczekiwaniach.

Nie mogłam dłużej ignorować tych historii. Musiałam stawić im czoła, przytulić małą dziewczynkę wewnątrz siebie i dać jej poczucie bezpieczeństwa. Wybrałam miłość, akceptację i wdzięczność. Przebaczyłam sobie i innym, uwolniłam się od bólu i uwierzyłam w możliwość ukojenia.

Teraz wiem, że prawdziwa siła nie leży w pokonywaniu przeciwności na zewnątrz, ale w przezwyciężaniu własnych ograniczeń. Każde doświadczenie, każda trudność były częścią mojej drogi do przemiany. Dziś jestem wdzięczna za odwagę, za to, że nigdy się nie poddałam. Kontynuuję tę podróż, stając się bardziej autentyczna i wolna, pełna miłości do siebie i świata.

To było moje przejście przez cień do światła. Droga do odzyskania siebie, do ukojenia tego, co czułe, i odkrycia własnej mocy.

ROZDZIAŁ 30

Poranek Z Intencją: Połączenie z Wszechświatem

Nastaje nowy dzień. Słońce powoli oświetla miasto, a jego promienie docierają do każdego zakątka. Wewnętrzna cisza płynie przez moje ciało i harmonizuje się z ciszą wokół. Dzień po dniu odnajduję w sobie coraz więcej spokoju. Jestem wolna od ciągłej pogoni, choć czasem towarzyszy mi jeszcze dziwne uczucie pustki.

Zastanawiam się wtedy, czy nie jesteśmy przywiązani do emocji, które nosimy w sobie od dziecka. Może to tęsknota, której echo wciąż słychać w sercu. Przez lata wierzyłam, że muszę ciężko walczyć i bez ustanku pędzić do przodu. Ten przekaz stał się moją drugą naturą.

Nieświadomie zwracamy się ku temu, czym jesteśmy, i to prowadzi nas ku sytuacjom, które odbijają nasze wnętrze. Widziałam ludzi, których życie jest nieustannym poszukiwaniem coraz mocniejszych wrażeń. Często dziecko wychowane w niespokojnym domu w dorosłości szuka tej samej dawki napięcia, bo jest mu ono znajome.

Ale wróćmy do poranka. Zanim wstałam, usiadłam w ciszy. Skoro się obudziłam, musi być coś więcej. Nie chcę spędzać swoich cennych dni w nieświadomości. Pytam więc siebie: co moja dusza chce dziś przeżyć? Mam plany na ten dzień, ale mam też intencję, żeby gdziekolwiek pójdę i cokolwiek zrobię, nieść ją ze sobą.

Moją intencją jest dziś połączyć się z wszechświatem, poczuć jego wielkość i bliskość. Wszechświat jest we mnie, a ja jestem jego częścią, tak jak każde z nas. Dla mnie wszechświat to Bóg, Miłość, Świadomość. Łączę się z nim i szanuję go, bo jestem jego częścią. Stworzono mnie na wzór i podobieństwo Boga, więc mogę działać na Jego wzór i podobieństwo.

Kiedy czuję to głębokie połączenie, to nie jest tylko poczucie jedności. To doświadczenie ogromnej mocy, kreatywności i mądrości czegoś, co przenika wszystko, co istnieje. Przypomina mi, że jestem częścią czegoś znacznie większego. Napełnia mnie pokorą, a jednocześnie budzi we mnie poczucie wartości i celu.

Ta intencja jest jak kotwica i jak kompas. Kiedy dzień nabiera tempa, ona zostaje ze mną, wskazuje kierunek, pomaga podejmować decyzje i łagodniej patrzeć na innych. Nie jest tylko myślą na chwilę. To cichy drogowskaz, do którego wracam, gdy pojawia się trudność.

A gdy słońce zachodzi, czuję wdzięczność za kolejny dzień pełen znaczenia. Intencja, którą wypowiedziałam rano, wieczorem wydaje się jeszcze prawdziwsza. I wiem, że jutro, gdy się obudzę, znów zacznę od tej cichej chwili połączenia, by żyć pełnią życia, które zostało mi dane.

ROZDZIAŁ 31

Błyszczący Diament: Odkrywanie Własnej Wartości w Głębinach Duszy

„Ja jestem piękna i wszyscy mnie kochają" – to moje dzisiejsze zdanie. Kiedy zanurzam się w swojej duszy, by je odczuć, zastanawiam się, czy odkrywam w nim swoją prawdę. Dostrzegam swoje wewnętrzne piękno i pielęgnuję je każdego dnia. Kiedy jest ze mną zgodne, zmienia moje spojrzenie na siebie i na to, czego dalej doświadczam.

Zamieniłam już wiele stron w swoim życiu. Lata zdają egzamin, lecz czym są moje osiągnięcia, gdy spojrzę w głąb siebie? To piękno czuję wtedy, gdy robię szlachetne rzeczy dla siebie i dla innych. W młodości była we mnie pewna iskra, a jednak nie czułam się kochana. Moja uroda była widoczna dla otoczenia, ale ja sama nie potrafiłam jej w sobie dostrzec.

Skąd taki stan rzeczy? W moim sercu zagnieździły się strach, gniew i żal. Było ich dużo, a ja nie miałam czasu, by się nad sobą zatrzymać. Niosłam ten bagaż latami, coraz bardziej przytłaczający, hamujący moje kroki. Po latach wędrówki dotarłam do punktu, w którym dalsza droga wydawała się niemożliwa. Sama zasypałam ją kamieniami – kamieniami strachu i gniewu.

Jednak coś we mnie mówiło, że jest coś więcej. Pewnego dnia zapytałam siebie: dlaczego nie czuję, że jestem piękna? To pytanie uruchomiło nową ścieżkę myślenia. Przecież wszyscy jesteśmy piękni w środku. Przychodzimy na świat jako małe, bezbronne istoty i uczymy się życia obserwując otaczający nas świat. Pomyślałam – była we mnie niewinność dziecka, na którą nie miałam wpływu.

Wkraczając w dorosłość, próbowałam iść swoją drogą, z żalem spoglądając na innych, którzy mieli więcej, którzy mieli szczęście. A co ze mną? Teraz, jako dojrzała kobieta, nieco mniej zgrabna i młoda niż kiedyś, odważam się powiedzieć, że czuję się piękna. Zaczęłam bowiem zgłębiać tajniki swojego wnętrza. Co kryje się w jego najdalszych zakamarkach? Tam, w głębi, znajduje się niewielki diament, pragnący pokazać swój blask. Jego promienie pragną wydostać się na zewnątrz, ale zostały zasypane przez moje własne przekonania, które przyjęłam na swój temat.

Obecnie, podczas pracy nad sobą i przemodelowania tych przekonań, widzę coraz wyraźniej, jak diament zaczyna błyszczeć. Odkrywam swoją prawdę i swoje prawdziwe intencje, a wraz z nimi własne piękno. Wpływa to na wszystko, co robię. Czuję się piękna i kochana, bo nauczyłam się kochać tę dziewczynę, która przeszła taką drogę.

Podjęłam decyzję – wybór należał do mnie – czy podążać ścieżką obsypaną kwiatami, czy wdrapywać się na szczyt, potykając o każdy kamień, aż lawina sprowadzi mnie na dół. Czy właśnie tak powinna wyglądać droga do sukcesu? Wybrałam inny szlak. Mój sukces tkwi w wartości, którą teraz odkrywam w sobie. Nie każdy musi mnie kochać, ale to ja teraz okazuję sobie największy szacunek i zaczynam drogę od pełnej akceptacji siebie. Bo przecież tylko z sobą będę na zawsze.

Ludzie się zmieniają, odejdą ci, którzy niekoniecznie muszą mnie kochać – mają swoją własną drogę. Ale przyjdą inni, którzy mnie pokochają. Najważniejsze dla mnie było i jest, aby napełnić swoje serce miłością, której przez lata szukałam na zewnątrz. Teraz otulam siebie miłością i wiem, że jestem skarbem dla siebie i dla świata. Poleruję ten diament, który tkwi w każdym z nas. Moje bogactwo jest we mnie. To jest sukces, którym mogę się prawdziwie szczycić.

ROZDZIAŁ 32

Gra w Ping-Ponga; Nawigacja w Labiryncie Komunikacji w Związku

Chcę przyjrzeć się trudnościom w komunikacji, które tak często pojawiają się w związku. Zauważyłam, że osoby, które w dzieciństwie musiały wciąż udowadniać swoją niewinność i nie były wysłuchane ani zrozumiane, w dorosłym życiu noszą w sobie silnie rozbudowany mechanizm obronny. Najmniejsza uwaga skierowana w ich stronę jest odbierana jako atak. Dzieje się to nieświadomie: to odruch, którym się chronią, powstały w reakcji na dawny ból z dzieciństwa, który nie został w pełni ukojony.

Te osoby często mają problemy z bliską komunikacją partnerską. Każde wyciągnięcie pomocnej dłoni jest przez nich interpretowane z nieufnością, jakby ktoś chciał im zrobić krzywdę. Cechują się one również silnym uporem, iż nikt nie ma prawa podważać ich zdania, nawet jeśli nie mają racji.

Konkretne sytuacje z mojego związku dobrze ilustrują tę dynamikę. W jednej z nich, podczas kolacji w restauracji, mój partner zdecydował o zakończeniu posiłku bez dyskusji, prosząc o rachunek. Jego decyzja, podjęta bez konsultacji ze mną, spowodowała kolejny konflikt. Podczas rozmowy, wszelka uwaga z mojej strony była przez niego odbierana jako atak. W odpowiedzi na moje próby komunikacji, stawał się niemiły, przekręcał moje słowa, a ja uświadomiłam sobie, że nie ma sensu tłumaczyć mu swojego punktu widzenia w danym momencie. Był wówczas zbyt zasłonięty tym, jak bardzo się chronił, i nie potrafił otworzyć się na komunikację.

Sytuacje, które mogły wydawać się błahe, często stały się punktem zapalnym konfliktów w moim związku. Takie postępowanie mojego partnera odbierałam jako chęć przejęcia kontroli w sytuacji, bez zwracania uwagi na moje uczucia czy potrzeby. Wydaje mi się, że to wynik silnej potrzeby ochrony, z którą mierzymy się oboje.

W obliczu takich trudności łatwo wpaść w grę podobną do ping--ponga. Zamiast szukać zrozumienia i empatii, zaczynamy „podbijać" argumenty i zarzuty, a każde wyciągnięcie ręki jest „odbijane" jak piłeczka. Nauczyłam się przez lata, że rozmowa z osobą, która tak bardzo się chroni, właśnie tak wygląda: zamiast konstruktywnej wymiany rośnie frustracja, zniechęcenie i poczucie, że zostałam pominięta. To labirynt, w którym poruszanie się wymaga świadomości, cierpliwości i praktyki.

Jestem świadoma, że nie mam kontroli nad zachowaniem mojego partnera. Mogę jedynie kontrolować swoje reakcje i sposób, w jaki komunikuję swoje potrzeby i uczucia. Choć próby rozmowy często spotykają się z oporem z jego strony, mogę pracować nad swoim podejściem do komunikacji, wyrażając, jak jego działania wpływają na mnie. Zdaję sobie sprawę, że nie jest to proste zadanie.

W kontekście tych doświadczeń kluczowe staje się zrozumienie, że nie mogę zmusić mojego partnera do zmiany. Tylko on sam może podjąć tę decyzję. Właśnie dlatego, mimo wszystko, skupiam się na pracy nad swoim osobistym rozwojem i poszukiwaniu wewnętrznego spokoju. Poprzez zrozumienie tego, jak sama się chroniłam, i pracę nad poczuciem własnej wartości, jestem w stanie docenić siebie, swoje uczucia i swoje potrzeby. Uczę się, jak wyrażać te potrzeby w sposób zdrowy i asertywny, niezależnie od reakcji partnera.

Komunikacja w relacjach potrafi być wyzwaniem i nie ma tu łatwych odpowiedzi. Ale zawsze jest miejsce na wzrost i głębsze zrozumienie siebie. To są lekcje płynące z gry w ping-ponga – trudne, ale cenne, bo pokazały mi, czego naprawdę potrzebuję i czego oczekuję od mojej relacji.

ROZDZIAŁ 33

Niewidzialna: Wspomnienia i Rzeczywistość

Poranek zwykle zaczynam od wdzięczności. Cisza, oddech, mały rytuał, który wprowadza mnie w dzień z dobrą energią. Ale pewnego ranka wszystko było inne. Obudziłam się, a obok nie było męża. Nie było też porannej kawy, którą tak lubię. Zapytałam go o coś prostego, a usłyszałam tylko: „Nie, bo nie". I to jedno zdanie otworzyło we mnie coś dawnego.

Bo tak samo budziłam się jako dziecko. Codziennie z tym samym pytaniem w środku: czy dzisiaj zobaczę tatę? Tata zmagał się wtedy z alkoholem. Jednego dnia był, innego nie. Ta nieprzewidywalność, to ciągłe niewiedzenie, na czym stoję, powoli układało się we mnie w przekonanie, że jestem nieważna i niewidzialna. To uczucie przetrwało ze mną aż do dorosłości.

Dziś, jako dorosła kobieta, rozpoznaję tę samą melodię w moim małżeństwie. Raz mąż jest blisko, przynosi mi kawę, a innym razem zastaję puste miejsce przy łóżku i zimną kawę na stole. Z pozoru drobiazg. A jednak odsłania to, co czułe, i wzorce, które niosę z przeszłości.

Widzę teraz, jak dawne poranki wracają w tych dzisiejszych. Jak to, co przeżyłam jako mała dziewczynka, wciąż kształtuje moje reakcje i oczekiwania. I właśnie dlatego chcę to nazwać i zrozumieć, delikatnie, bez pośpiechu. Bo kiedy rozpoznaję ten dawny lęk, przestaję być w nim niewidzialna. Zaczynam widzieć siebie.

ROZDZIAŁ 34

Napady gniewu, złości

Emocje obecne były w moim domu od zawsze. Zdałam sobie sprawę, że można być uzależnionym od tych intensywnych uczuć. W dorosłym życiu, choć pragnęłam spokoju, zdawało się, że trudno mi go odnaleźć. Świadomie dążąc do harmonii, odkryłam paradoks w sobie: choć pragnęłam ciszy i odpoczynku, czułam jednocześnie pewien niedosyt, jakby mi czegoś brakowało.

Przez wiele lat nie zdawałam sobie sprawy, że sama nieświadomie przyciągam sytuacje pełne emocji, które prowadziły do kolejnych konfliktów i napięć. Obserwując swoje zachowania, dostrzegłam, że moja rodzina również jest silnie emocjonalna, często uzależniona od tych intensywnych uczuć.

Pewnego dnia zrozumiałam, że powtarzam wzorce moich rodziców. Te same emocje, które obserwowałam u nich w dzieciństwie, teraz były we mnie. Wydawało się, jakby historia powtarzała się, tylko z innymi postaciami w głównych rolach. Zdałam sobie sprawę, że jeśli się z nimi nie uporam, mogą przenieść się na moje dziecko.

Jeden z najbardziej wymownych przykładów powtarzania rodzinnego wzorca zauważyłam podczas wspólnych śniadań. W moim rodzinnym domu to właśnie przy porannym stole dochodziło do największej liczby konfliktów. W dorosłym życiu, nawet przy naj-spokojniejszym śniadaniu, czułam ciężar tych starych emocji.

W mojej rodzinie wielu z nas doświadcza gwałtownych wybu-chów gniewu. Słyszałam od krewnych opowieści o „rodzinnych napadach gniewu". Dzięki głębszemu zrozumieniu historii mojej rodziny byłam w stanie rozpoznać źródło tych emocji i zacząć się nimi opiekować.

ROZDZIAŁ 35

Wybaczenie: Odkrywanie Mocy Wewnątrz

Tworzę scenariusz swojej ścieżki życia, bo wiem, że mam wybór i sama decyduję, znam swoje pragnienia i wiem, jak osiągnąć swoje cele.

To, co zostało zbudowane w rodzinie, wpływa na życie zawodowe i społeczne, a przez to na nasze codzienne funkcjonowanie. Uświadomiłam sobie, że ludzie z mojej przeszłości często nie potrafili dokonywać innych wyborów. Wtedy odkryłam nieocenioną wartość wybaczenia. Możemy wybaczyć, gdy zrozumiemy swoje korzenie i historię, a potem się od niej odciąć. Wybaczenie to mój wybór, moja decyzja, żeby iść dalej. Wybaczam innym, ale przede wszystkim sobie, dla siebie i kolejnych pokoleń.

Życie uświadomiło mi, jak bardzo jesteśmy wszyscy ze sobą połączeni. Obserwując swoje życie i życie mojej rodziny, zauważyłam wiele wyzwań. Wielokrotnie była to trudna walka, ale teraz patrzę na wszystkie te wydarzenia z głęboką empatią wobec siebie. Nie boję się już analizować trudnych sytuacji. Pozwalam sobie na spojrzenie na nie z różnych perspektyw, rozumiejąc, że były one w moim życiu po to, bym je dostrzegła i zrozumiała. Wtedy odpuszczam żal i gniew wobec innych, co czyni mnie bardziej spokojną i pozwala uwolnić te emocje.

Zrozumiałam, że wybaczenie jest jak narzędzie do usuwania chwastów wraz z korzeniami z mojego wnętrza. To, co wewnętrzne, manifestuje się na zewnątrz. Moje przekonania i to, co niosłam po rodzie, przekazywane były z pokolenia na pokolenie. Dziś wiem, że jestem istotą w ciągłym procesie ewolucji.

Przyszłam na tę planetę z konkretnymi tematami do przerobienia. Moja rodzina, pełna wyzwań, uczyła mnie, jak trudne może być życie. Gdybym pozostała w tych przekonaniach, mogłabym tkwić w nich przez całe życie. Teraz rozumiem, że życie jest piękne i odzwierciedla scenariusz, który sami dla siebie napisaliśmy. Moi bliscy odgrywali w nim role, które pomogły mi zrozumieć wiele rzeczy. Zdałam sobie sprawę z ogromnej siły, jaką niosłam, wybierając takie doświadczenia. Była to umowa między mną a innymi duszami. Widząc to w ten sposób, wszystko zaczęło nabierać sensu.

Każda osoba ma swoje doświadczenia, programy i blokady, ale teraz wiem, że to już nie moja sprawa. Z czystą świadomością pozwalam im wszystkim przestać dostarczać mi trudnych doświadczeń, bo rozumiem już sens tej podróży. Docierając do tego etapu, dostrzegam piękno w każdym człowieku.

W mojej rodzinie, sięgając wstecz pokoleniowo, odnalazłam ciężar przeszłości. Czy jest to dar? Czy mogę być za to wdzięczna? Za mądrość i siłę, które odnalazłam w sobie, z pewnością odpowiadam twierdząco. Musiałam nauczyć się wielu rzeczy sama, a wszystkie upadki i przeszkody na mojej drodze ukształtowały mnie i uczyniły tym, kim jestem dziś.

ROZDZIAŁ 36

Powtarzający się schemat – klątwa czy lekcja?

Nieraz zastanawiałam się, dlaczego pewne scenariusze w moim życiu nieustannie się powtarzają. W moim przypadku niewiarygodna, ale prawdziwa historia prowadziła aż cztery pokolenia wstecz. Moje wcześniejsze rozdziały opisały tragiczne doświadczenie mojej rodziny, która cztery pokolenia temu straciła cały swój majątek. Zastanawiałam się, czy to przekleństwo, czy może lekcja, której nie potrafiliśmy się nauczyć?

Zauważyłam, że niemal każda moja próba budowania biznesu kończyła się tym samym scenariuszem. Osoby, z którymi współpracowałam, próbowały mnie oszukać lub odebrać mi to, co udało mi się osiągnąć. W mojej percepcji byli to nieuczciwi ludzie, ale z czasem zrozumiałam, że to ja nieświadomie mogę stwarzać takie sytuacje w swoim życiu. Czyżby historia mojej rodziny miała na mnie taki wpływ?

Gdy zaczęłam się przyglądać temu bliżej, zauważyłam, że ten sam problem dotykał wielu członków mojej rodziny. Mimo że momentami wydawało się, że w końcu odnosimy sukces, zawsze pojawiał się lęk o utratę tego, co wypracowaliśmy. Zawsze gdzieś w tle czaiło się przekonanie, że „duże pieniądze równają się tragedii".

Pewnego dnia postanowiłam prześledzić historię mojej rodziny, by zrozumieć źródło tych przekonań. Za pomocą analizy drzewa genealogicznego doszłam do źródeł problemu. Zrozumiałam, że trudne doświadczenie utraty majątku przez moją rodzinę niosło ze sobą negatywny schemat myślowy, który był przekazywany z pokolenia na pokolenie. Podjęłam decyzję, by rozpoznać te przekonania i uwolnić się od nich raz na zawsze. Ten proces nie był łatwy. Wymagał głębokiej introspekcji, akceptacji i chęci do zmiany. Ale z każdym krokiem czułam, jak odrywam się od ciężaru przeszłości.

Nasza historia rodzinna może być naszym przekleństwem, ale też może stać się naszą siłą – wystarczy spojrzeć na nią z właściwej perspektywy.

Żal, który niosłam latami, pokazał mi, jakie uczucie kryło się pod nim. W dzieciństwie miałam naprzemienny żal: raz do mamy, raz do taty. To powodowało mój zamęt w głowie. Rozmyślałam latami, kogo to była wina, że między rodzicami nie widziałam dobrej relacji. Często byłam smutna, kiedy patrzyłam na mamę, jak czeka, aż tata wróci do domu, i czy wróci pod wpływem alkoholu. Potem patrzyłam z żalem na tatę – było mi go żal, że jest tak samotny. Nie pamiętam, by poszli razem na randkę, do kawiarni czy kina. Nie widziałam, by spędzali wspólnie wieczory.

Jakie uczucia miałam jako dziecko, patrząc na ich relację? Chyba więcej gniewu skierowanego do mamy, być może dlatego, że nie postawiła swoich granic, albo że nie zakończyła tego związku. Czuła się bezsilna. Owszem, tata bardzo ciężko pracował, ale po pracy sięgał po alkohol, i z mojej dziecięcej perspektywy brakowało go wtedy w domu, mniej było go dla nas i dla mamy. Moje uczucie było puste. Uznałam, że w tym związku nic dobrego nie ma. Każdy z nich był samotny. Ja także byłam smutna i samotna, tkwiąc w tym i nie mogąc nikomu o tym opowiedzieć.

Pewnego dnia brałam udział w warsztatach. Przyszłam z tematem o finansach, ale wyszłam z tematem delikatnych miejsc w relacji z mamą. Ciężko było mi poukładać to w głowie. Wydawało mi się, że mam jakąś relację z mamą, byłam przekonana, że już się tym zaopiekowałam i że wybaczyłam mamie. Aż pewnego dnia, w relacji z moim partnerem, zobaczyłam film dokładnie taki sam, jaki był w moim dzieciństwie w relacji mamy z tatą. To uczucie, które poczułam jako mała dziewczynka, wróciło. Czułam brak wsparcia i poczucia bezpieczeństwa, czułam bezsilność, było mi smutno i przykro. Zrozumiałam, że to moja relacja z mamą, która wciąż potrzebuje troski.

Był to schemat, który manifestował się w każdej mojej relacji. Zauważyłam to dopiero, gdy wróciłam z warsztatów. Pokazano mi tam, że kobiety w rodzinie od strony mamy są bardzo silne, działają w energii męskiej i muszą wszystko same załatwiać. Zdecydowałam wówczas, że nie będę „matkować" partnerowi. Chciałam wejść w energię kobiecości i zająć się sobą, ale doszłam do ściany. Zdałam sobie sprawę, że partner nie widzi, co jest ważne w związku. Czułam się, jak czuła się moja mama.

To był kolejny schemat, który odkrywałam, jakby obierając cebulę warstwa po warstwie. Za moim stałym pragnieniem „przytul mnie" kryła się głęboka lekcja. Kiedy byłam silna, nie dostrzegłam tego. Ale kiedy chciałam zmienić rolę w swoim związku, uderzyło mnie to jak dzwon. Jaka to była lekcja!

Popatrzyłam na dwa filary, na których powinien stać dom. Prawa strona linii od ojca z jego rodu, gdzie mężczyźni byli bardziej podporządkowani swoim kobietom. One wszystko załatwiały, bo nie miały też z męskiej strony wsparcia, przez to, że mężczyźni często sięgali do kieliszka. Kobiety z lewej linii damskiej były bardziej w energii męskiej, co czyniło linię męską słabszą. Tutaj została zaburzona energia, z tego wypływały duże nieporozumienia. Mężczyźni nie sprostali zadaniu przez swoje picie, co z czasem sprawiło, że kobiety przejęły większą część obowiązków, i powstał ogromny bałagan w systemie rodzinnym, gdzie taki dom ma chwiejne filary i może rozpaść się jak domek z kart.

Ta świadomość była dla mnie przełomowa. Zdałam sobie sprawę, że te wzorce, które obserwowałam w domu rodzinnym, powtórzyły się w moim własnym życiu. Byłam produktem mojego środowiska, ale też miałam moc, by to zmienić. Zaczęłam pracę nad sobą, aby nie powielać tych samych błędów i nie przekazywać ich kolejnym pokoleniom. To była trudna, ale niezbędna podróż w głąb siebie, aby zrozumieć te schematy i otoczyć je troską.

ROZDZIAŁ 37

Moc Wiary: Historia O Uzdrowieniu i Nadziei

W rozmowie z inną osobą zrozumiałam, że mam w sobie piękny dar, za pomocą którego drugi człowiek informuje mnie, że poczuł się dobrze po rozmowie ze mną. Takich historii mam kilkanaście, a w kilku z nich ktoś poczuł, że coś się w nim zmieniło.

Opowiem tutaj jedną historię mojej koleżanki, która była po wylewie i usłyszała, że grozi jej kolejny wylew. Była bardzo zestresowana, gdyż czekała ją operacja i miała mieć otwartą głowę, ponieważ była potrzeba rozplątania jej żył. Lekarze twierdzili, że genetycznie żyły są splątane. Wspierałam koleżankę w czasie przygotowującym się do operacji.

Nastąpiło późne popołudnie, musiałam już wracać do domu, poza tym należało opuścić pokój szpitalny, skończyły się godziny odwiedzin. Po dłuższej rozmowie zostawiłam swoją koleżankę ze słowami: „Uwierz, że masz w sobie siłę i moc, a może wydarzyć się cud". Powtarzaj w swoim umyśle, że „We dnie i w nocy wszystko mi sprzyja". To zdanie pomogło mi wiele razy, przeczytałam je w książce „Potęga Podświadomości". Poprosiłam, żeby z wiarą powtarzała to zdanie niczym mantrę, tak długo aż usłyszy to jej umysł.

Kiedy nie miała już siły płakać, przypomniała sobie zdanie i zdecydowała, że nie ma nic do stracenia i spróbuje uwierzyć we wszystko, co jej przekazałam.

Kiedy nastał ranek, przygotowana już do otwarcia głowy, nagle wszedł do pokoju lekarz, którego wcześniej nie widziała – był to szpital angielski, a do pokoju wszedł polski lekarz. Porozmawiali chwilę, przyszedł on do niej, by ją przygotować do zabiegu. Poprosiła lekarza o ponowne prześwietlenie głowy, ponieważ miała uczucie, jakby coś w jej głowie pracowało, i pomyślała, że mogły nastąpić jakieś zmiany. Udało się jakoś lekarza przekonać, by koleżanka została ponownie prześwietlona.

Okazało się, że lekarze nie umieli tego wytłumaczyć, ponieważ żyły były całkowicie rozplątane. Uznali, że pacjentka jest zdrowa, nic nie zagraża jej życiu. Jeszcze tego samego dnia została wypisana ze szpitala. Lekarze nazwali to cudem. Ja wierzę, że pomogła jej także wiara, choć nie umiem tego udowodnić. Wiem tylko, co razem przeżyłyśmy.

Piszę o tym z ostrożnością, bo to było jej i moje przeżycie, a nie rada dla kogokolwiek. Przez cały ten czas moja koleżanka była w szpitalu, pod opieką lekarzy, gotowa na operację. Wiara nie zastąpiła medycyny, szła z nią ramię w ramię. Nie namawiam nikogo, by odkładał leczenie czy rezygnował z pomocy lekarzy. Jeśli się leczysz, proszę, zostań przy swoim leczeniu, a wiarę weź ze sobą jako delikatne wsparcie.

Właśnie zdałam sobie sprawę, że wierzymy w różne rzeczy. Ja uwierzyłam, że słowa mają moc, a wiara potrafi wiele, i że to moje zdanie – „We dnie i w nocy wszystko mi sprzyja" – mnie samej pomaga. Czuję, że jest wewnątrz mnie siła i moc Boska, tu jest moja Świątynia, moje źródło mądrości. Tak naprawdę to tylko nasz wybór, w co wierzymy i czemu przypisujemy moc działania.

W rozmowie z innymi słyszałam wiele feedbacków, że czują się wiele lepiej, ale też widziałam miny osób, które dziwnie patrzyły i myślały z pewnością, że bzdury mówię. Sama, kiedy byłam chora i nie było już wiary, chwyciłam się tych słów i poczułam, że wstępuje we mnie siła, a ja wstałam z łóżka. Dla mnie to jest właśnie ta siła i moc Boża, którą my wszyscy otrzymaliśmy. Każdy ma inne doświadczenia, inną drogę, inną wiarę oraz inny czas.

Zalękniony umysł ma drogi posypane ciężkimi kamieniami, dlatego trudno mu dotrzeć do umysłu podświadomego. Słyszeliśmy i wiemy o tym, że takie rzeczy gdzieś się zdarzają, ale przecież nie tutaj i nie nam. Sama też tak myślałam, kiedy byłam bardzo wystraszona, zła na życie i na wszystko, również na siebie. Nie mogłam świadomie się zatrzymać na moim moście wiodącym do nadświadomości.

Kiedy walczymy z każdym dniem, przede wszystkim kiedy walczymy sami ze sobą, wtedy nie czujemy siebie, nie słyszymy tego, co mówimy, co wysyłamy w przestrzeń, jak myślimy o sobie, o świecie, co kontemplujemy każdego dnia. Gorycz ciągnie za sobą inne gorycze.

Świadomość nazwałam przystanią na moście, kiedy możemy stanąć, popatrzeć na siebie z góry, zobaczyć, że to, co było, to był lęk, żal, gniew, wstyd, to nas budowało jak kulę śnieżną, która będzie do czasu, aż nie przyjdzie odwilż. Wtedy zostaje pustka i jeszcze więcej lęku, a taki lęk, jak wierzę, odbija się też na naszym samopoczuciu.

Ja popatrzyłam na to, zaakceptowałam, że tak było, potem wybaczyłam sobie i wszystkim, komu trzeba było wybaczyć. Kiedy spojrzałam z punktu świadomości na to, po jakich kamieniach deptałam i jakich emocji doznałam, zrozumiałam, że czasu nie cofnę. Mogę mieć już zawsze żal i gniew do swojej przeszłości, do rodziców czy innych osób, a teraz jestem na tym moście, zaczynam widzieć bardziej moją drogę, co rozświetla każdy kolejny metr przede mną. To droga nadświadomości, którą tworzę razem, wspólnie z moim źródłem, które jest wewnątrz mnie.

ROZDZIAŁ 38

Przez dzieci do uzdrowienia: Droga ku wybaczeniu i odnalezieniu miłości

Gdy dorosła kobieta nosi w sobie ból po byłym partnerze, dzieci mogą stawać się przypomnieniem tych trudnych uczuć. Z własnego doświadczenia zrozumiałam, jak bolesne jest dostrzeganie cech byłego partnera w zachowaniu własnego dziecka. Nieświadomie, odruchowo się broniąc, zaczęłam przenosić na dziecko uczucia złości i żalu, które miały swoje źródło w mojej przeszłości.

Jednak pewnego dnia, patrząc na nie, zrozumiałam coś kluczowego: to moje dziecko. Jego osobowość jest kombinacją cech zarówno moich, jak i jego ojca. Nie mogę pozwolić na to, by dziecko nosiło odpowiedzialność. Postanowiłam podjąć trud pracy nad sobą, zamiast unikać tych uczuć. Akceptacja była pierwszym krokiem.

Rozpoczęłam od zmiany swojego punktu widzenia, próbując zrozumieć dziecko, a nie oceniać je. Z czasem zdałam sobie sprawę, że kluczem jest komunikacja. Zaczęłam otwarcie rozmawiać o tym, jakie cechy przypominają mi o jego ojcu i jak wpływa to na moje emocje. Wyjaśniłam, że to ja muszę pracować nad sobą, aby przeszłość przestała nas ranić.

Wprowadziłam w życie koncept radykalnego wybaczenia, wierząc, że dzięki miłości można naprawdę przejść przez ten proces. Otoczyłam troską te delikatne miejsca, które przypominały, żeby na nie spojrzeć. Dzieci odzwierciedlają nam to, czym w sobie mamy się zaopiekować. Dzięki tej pracy nad sobą nasza relacja zaczęła się dynamicznie poprawiać. Ucząc się na błędach przeszłości, zbudowaliśmy silniejszy związek oparty na wzajemnym zrozumieniu i wsparciu. Uznałam, że najważniejsze jest bycie obecnym tu i teraz, a nie pozwolenie przeszłości na dyktowanie naszego obecnego życia.

Teraz, patrząc wstecz, jestem wdzięczna za tę trudną lekcję. Troska o dawne, delikatne miejsca pozwoliła mi nie tylko zacieśnić więzi z najbliższymi, ale też otworzyć się na nowe możliwości w życiu i w relacjach z innymi ludźmi.

ROZDZIAŁ 39

Karuzela Życia

Moją egzystencję można było porównać do karuzeli, na której nieustannie obraca się moje życie. Każdy dzień przypominał ten poprzedni, wciąż powtarzały się te same schematy, te same czynności, a ja wpadałam w te same, niemiłe pułapki. Ta pustka, która wciąż ciągnęła mnie do siebie, była jak ciemna przestrzeń przyciągająca do centrum karuzeli.

Przysłowie mówi: „Według twojej wiary tak się dzieje", a moja wiara prowadziła mnie wciąż w to samo miejsce – wstydziłam się tego błędnego koła, tej monotonii. Uważałam, że nie jestem wystarczająco dobra, ważna i wartościowa. Mimo to, te same myśli wracały, prowadząc mnie z powrotem do poczucia niskiej wartości. Powracałam do wstydu, tej najniższej energii we wszechświecie, która przyciągała do mnie doświadczenia jedynie potwierdzające moje negatywne przekonania o sobie.

Ale przyszedł czas przełomu. Zdałam sobie sprawę, że moje myśli nie służyły mojemu dobru. Zaczęłam świadomie pracować nad swoją samooceną i przekonaniami. Zrozumiałam, że to, jak widzę siebie, wpływa na to, jak się czuję i jakie decyzje podejmuję.

Moja podróż ku autentyczności była pełna trudności. To nie była krótka ani prosta droga, ale każdy krok, każdy moment refleksji przybliża mnie do ukojenia tych delikatnych części mojego wnętrza. Uczyłam się doceniać siebie, dostrzegać własne sukcesy i wartości. Poczucie mojej wartości wzrosło, a pewność siebie stała się moją stałą towarzyszką. To nowe podejście do życia dało mi energię i motywację do działania, do rozwoju, do poszukiwania nowych, lepszych ścieżek.

Ta sama karuzela, która kiedyś wydawała się więzieniem, stała się symbolem moich wyzwań i możliwości. Patrząc na nią teraz z pewnej odległości, dostrzegam nie tylko wir problemów, ale przede wszystkim szansę na rozwój. Wiem, że mogę z niej zejść, kiedy tylko zechcę. Nie jestem już niewolnicą swoich negatywnych przekonań, a przyszłość, zamiast straszyć, wzbudza we mnie ciekawość.

ROZDZIAŁ 40

Cień zazdrości i droga transformacji

Myśli o zazdrości nosiłam w sobie. Uświadomiłam sobie to, kiedy zaczęłam zadawać sobie pytania: „O co ci chodzi? Dlaczego tak się czujesz?". Następnie przekształciłam to pytanie w „Co chce mi to pokazać?", uświadamiając sobie, że będąc w pytaniu „dlaczego", przyjmowałam rolę ofiary – rolę, którą odtwarzam przez wiele lat. Znałam dobrze to uczucie, ale teraz dążę do wyższej wibracji.

Poprzednia ścieżka myślowa nie służyła mi dobrze, ale pragnęłam stanąć w prawdzie przed samą sobą. Zazdrościłam tym, którym wiodło się lepiej. Pewne myśli, które kiedyś wyparłam, wciąż do mnie wracały. Byłam zazdrosna nawet o drobiazgi, a to potrafiło mocno boleć.

To mój cień zazdrości. Co się za nim kryje, w najciemniejszych zakamarkach mojej duszy? Ukazał mi, że już jako mała dziewczynka zazdrościłam innym dzieciom tego, co miały. Choć rozumem nie chciałam nikomu zazdrościć lepszego życia, w głębi serca czułam tę zazdrość.

Porównywanie się do innych to pułapka, ponieważ każdy ma swoją indywidualną drogę. Chcę uwolnić się od tej mentalności ofiary, która czuła się skrzywdzona przez los. Kiedy pozwoliłam sobie spojrzeć na to z dystansu, zauważyłam w sobie niesamowitą siłę i moc. Nie pragnę, by ktoś zazdrościł mi tej mocy, ale chcę docenić to, co w sobie mam, i użyć tej wewnętrznej mocy do głębszego zrozumienia i transformacji.

Moje doświadczenie z zazdrością było dość bogate. Doświadczając różnych sytuacji, spojrzałam głębiej, by zrozumieć, co tak naprawdę czuję, co się kryje pod daną sytuacją. Dopatrzyłam się głębi w tym, że po prostu zazdrościłam innym wsparcia ze strony rodziny, podczas gdy ja wszystko musiałam układać sama. Byłam już zmęczona, lekcja za lekcją przychodziła, bo taki miałam zakodowany program.

Do czasu, kiedy spojrzałam na to z innej strony. Zobaczyłam, jaka jestem silna, jaką drogę przebyłam, więc nie ma czego komu zazdrościć. To nauczyło mnie większej pokory i szacunku do samej siebie. Wtedy nastąpił prawdziwy progres i wiele się zmieniło.

Zrozumiałam, że każda zazdrość, każdy cień, który rzuca na innych, był odbiciem moich własnych lęków i niepewności. Zaczęłam dostrzegać, że każdy z nas niesie swoje własne bagaże, swoje wyzwania i batalie, które są niewidoczne dla oczu innych. Zrozumienie tego otworzyło mi oczy na fakt, że prawdziwa transformacja zaczyna się od środka.

Zamiast skupiać się na tym, co inni mają lub osiągają, zaczęłam kierować moją energię na własny rozwój i samodoskonalenie. Nauczyłam się, że każda osoba, którą spotykam na swojej drodze, jest nauczycielem, który ma mi coś ważnego do przekazania – nawet jeśli jej lekcja nie jest od razu oczywista. Zaczęłam praktykować wdzięczność za to, co mam, i za doświadczenia, które kształtują mnie jako człowieka.

Każdy dzień stał się okazją do celebrowania małych zwycięstw, do doceniania drobnych radości. To zmieniło moje postrzeganie świata i ludzi wokół mnie. Zamiast zazdrości, zaczęłam odczuwać współczucie i empatię. Zaczęłam też wierzyć, że wszystko, co się dzieje, ma swoją głębszą przyczynę i cel.

Dzięki tej podróży w głąb siebie moja zazdrość przekształciła się w akceptację i miłość do samej siebie. Nauczyłam się, że transformacja nie jest jednorazowym aktem, ale ciągłym procesem. Jestem wdzięczna za wszystkie lekcje, które przyniosła mi zazdrość: pokazała mi, jak stać się lepszą i bardziej świadomą osobą. Zazdrość, która kiedyś była moim cieniem, teraz stała się światłem prowadzącym mnie do własnej prawdy i autentyczności.

ROZDZIAŁ 41

Spacer z uczuciami: Droga do samozrozumienia

Chociaż teraz nie mam konkretnego powodu do smutku, wciąż go czuję. Dzisiaj postanowiłam zafundować sobie dzień pełen przyjemności, robiąc tylko to, co naprawdę chcę. Zdaję sobie sprawę, że mój smutek pochodzi z głęboko zakorzenionych myśli i nawyków myślowych, nabytych przez lata.

Ostatnio stałam się bardziej świadoma swoich myśli, starając się zrozumieć, co kryje się za moim smutkiem. Mimo że jestem świadoma swoich uczuć i myśli, nadal czasem wpadam w stan melancholii. Kiedy próbuję się zrelaksować, myśli o rodzinie i strachy z dzieciństwa wracają, a ja próbuję zrozumieć ich źródło. W moich wspomnieniach jest lęk, który czułam jako dziecko, i chociaż chcę się poczuć dobrze, decyduję się nie uciekać przed tym uczuciem.

Zastanawiam się nad sensem mojego smutku i pytam go: „Co chcesz mi powiedzieć?". W odpowiedzi słyszę: „Nie zasługujesz na godne życie". To stare przekonanie, które nadal jest obecne w moim umyśle. Choć teraz rozpoznaję je i pracuję nad nim, wprowadza mnie to w stan smutku. Aby sobie pomóc, postanowiłam pójść na spacer i zanurzyć się w pięknie otaczającego mnie świata.

Wspominam o małej dziewczynce we mnie, która czuła się smutna, gdy uważała, że inni nie doceniają jej. Jej przekonanie, że nie jest godna, narodziło się właśnie w okresie dziecięcym, po powtarzających się sytuacjach, kiedy to dziecko przyjęło to za prawdę. Dzisiaj już wiem, że to nie jest prawda. Przekształciłam to przekonanie. Dziś wiem, że jestem godna wspaniałego życia. Kiedyś wierzyłam inaczej, bo nikt mi tego nie wyjaśnił.

Prawda jest taka, że rodzice mieli swoje przekonania i swoje problemy – im też tego nikt nie wyjaśnił, nie mieli wystarczająco czasu dla dzieci, bo walczyli z każdym dniem. Chcę pozwolić sobie na radość, cieszyć się życiem i nie tłumić swoich uczuć, jak robiłam to kiedyś.

Kiedy patrzę głęboko w swój stan smutku, akceptuję go – miałam prawo tak się czuć. Przeszłości nie zmienię, ale mogę zmienić to, jakie jest moje zrozumienie, co prowadzi mnie do wypuszczenia tego smutku, głębokiego oddechu i czerpania radości z życia. Każde głębokie, delikatne miejsce potrzebuje ukojenia, inaczej będzie nami sterować na poziomie nieświadomym, a my wtedy nie rozumiemy przyczyny naszego nastroju.

ROZDZIAŁ 42

Bezsilność – Głębsze Zrozumienie Emocji, Która Wpływa na Nasze Życie

Bezsilność – kto z nas nie doświadczył tego uczucia choć raz w życiu? Ja też zastanawiałam się, skąd się bierze, dlaczego jest tak trudno ją pokonać i jak można ją przekształcić w siłę. Na podstawie własnych doświadczeń pragnę podzielić się refleksją na ten temat.

Byłam pewna swojej racji podczas jednej z wielu dyskusji z bliską osobą. Kiedy jednak wskazałam błędy w jej argumentacji, zamiast przyjąć krytykę, osoba ta zaczęła manipulować kontekstem rozmowy. Mimo że nie było to jednorazowe zdarzenie – spotkałam się z podobnym zachowaniem u kilku osób – to każdorazowo budziło we mnie uczucie bezsilności.

W przeszłości takie sytuacje napawały mnie złością i frustracją. Zastanawiałam się, dlaczego ktoś postępuje w ten sposób. Jaka część tej osoby kieruje jej działaniami? Ale z czasem zrozumiałam, że każdy ma swój punkt widzenia. Często nie jesteśmy świadomi, jak nieświadomie działamy, co wypływa z naszej podświadomości. Nasze reakcje na świat przekazywane są przez własne filtry, przez nasze przekonania.

Zamiast tego postanowiłam skupić się na sobie, na uczuciu bezsilności, które przemawiało do mnie głośno. Zrozumiałam, że moja bezsilność ma korzenie w dawnych doświadczeniach, które głęboko wpłynęły na moje życie. W dzieciństwie, tak jak wielu z nas, starałam się ukryć swoje prawdziwe uczucia, chcąc uniknąć odrzucenia czy krytyki. Ten moment uświadomienia był dla mnie punktem zwrotnym.

Bezsilność często rodzi się z sytuacji, w których mamy poczucie, że nie mamy kontroli nad tym, co się dzieje wokół nas. Nasze wewnętrzne przekonania, jakie mamy o sobie i świecie, również odgrywają ogromną rolę.

Każdy z nas jest na innej ścieżce rozwojowej. Kiedy pozwoliłam sobie na głębszą refleksję, nauczyłam się pokory i zrozumienia dla innych. Zdałam sobie sprawę, że ocenianie innych na podstawie ich zachowania nie prowadzi do niczego pozytywnego.

Z czasem odkryłam, co pomaga mi łagodzić to uczucie. Najpierw samo zrozumienie, skąd bezsilność się bierze, było pierwszym krokiem. Wiele dawała mi też bliskość ludzi, którzy mnie wspierali i rozumieli. Czasem pomagała po prostu zmiana sposobu, w jaki patrzyłam na daną sytuację. A kiedy bezsilność brała się z tego, że czegoś nie umiałam, pomagało sięgnięcie po nową wiedzę i umiejętności.

Dziś wiem, że bezsilność jest naturalną częścią ludzkiego doświadczenia. Ważne, by ją rozpoznawać, rozumieć i powoli przekształcać w coś, co dodaje sił. Każdy z nas w pewnym momencie czuje się bezsilny, czy to z powodu trudności w pracy, napięć w relacjach, czy osobistych wyzwań. Nauczyłam się nie uciekać od tego uczucia, tylko przyjmować je jako część mojej ludzkiej natury i mojej własnej drogi.

Emocje są naszym wewnętrznym kompasem. Sygnalizują, kiedy coś jest nie tak, kiedy jesteśmy szczęśliwi, smutni, zadowoleni lub zaniepokojeni. Bezsilność, choć bolesna, też jest cenną emocją, bo wskazuje te obszary życia, które potrzebują uwagi. Nie chodzi o to, by pozwolić jej nad sobą zapanować. Raczej pytam wtedy samą siebie: co w moim życiu wywołuje to uczucie? Jak mogę zmienić swoje myśli albo działania, żeby poczuć się silniejsza i bardziej u siebie?

Nauczyłam się też mówić o tym, jak się czuję. Dzielenie się uczuciami z kimś, kto potrafi wysłuchać i zrozumieć, przynosi ulgę, a taką bliską osobą może być ktoś z rodziny albo przyjaciel. Ważne, żeby nie trzymać tego wszystkiego w sobie, bo ukrywanie tylko pogłębia bezsilność.

Dobrze pamiętać, że jest chwilowa i że z czasem można ją przejść. Pozwalam więc, by nauczyła mnie czegoś ważnego o mnie samej i o świecie wokół.

ROZDZIAŁ 43

Po Drugiej Stronie Lustra: Odnalezienie Siebie w Labiryncie Przeszłości

Lata zmagania się z moją przeszłością były jak błądzenie w labiryncie, w którym każdy zakręt przypominał mi o bólu i poczuciu niewystarczalności. Rodzina, w której się wychowałam, nie dawała mi wzorców ani wsparcia, jakie potrzebuje młoda dziewczyna. Moje dzieciństwo było walką o przetrwanie, walką, w której zbyt wcześnie musiałam przejąć rolę opiekuna. Wykształciło to we mnie siłę, ale też pozostawiło głęboko zakorzenione poczucie odrzucenia i braku wartości.

Zawsze zastanawiałam się, czy istnieje coś takiego jak karma, czy moje życie to ciągła walka z jakimś kosmicznym długiem. Ale jednego dnia coś się zmieniło. Uświadomiłam sobie, że nie muszę być ofiarą okoliczności. Moje dotychczasowe życie było jak skomplikowana tkanina doświadczeń i lekcji, które ukształtowały mnie w osobę, którą jestem dzisiaj.

Rozpoczęłam warsztaty i różne formy samopomocy. Jestem wartościowa sama w sobie i mam prawo być szczęśliwa, być kochana, być wsparciem i być wspierana. Długo trwało, zanim pozbyłam się negatywnych przekonań, które mną kierowały.

Zamiast szukać wsparcia na zewnątrz, znalazłam je w sobie. Zrozumiałam, że to ja mam kontrolę nad moim życiem, nad moim szczęściem. Kiedy zaczęłam dzielić się swoimi doświadczeniami, moja historia zaczęła inspirować innych. Odkryłam, że mogę być nie tylko osobą, która potrzebuje pomocy, ale też osobą, która może pomagać innym. Dzięki temu zrozumiałam, że każda moja lekcja, każde delikatne miejsce, każda moja walka miała sens. Nie tylko dla mnie, ale i dla innych.

Dziś patrzę inaczej na wszystko, co mnie spotkało. Te trudne lekcje, te bolesne chwile, to one uczyniły mnie silniejszą, mądrzejszą, bardziej empatyczną. Droga przede mną jest jeszcze długa i pełna niewiadomych, ale wiem, że jest właściwa.

To nie koniec, to początek czegoś nowego. Początek życia, w którym mogę być sobą, być szczęśliwa i być wsparciem dla innych. I to jest prawdziwa wartość mojej podróży – odnalezienie siebie po drugiej stronie lustra, po drugiej stronie labiryntu przeszłości.

ROZDZIAŁ 44

Przemiana: Od Lęku do Wyższej Mocy

Doceniam siebie i jestem sobie wdzięczna. W ciszy obserwuję drogę, którą przeszłam, rozpoznaję ścieżki, którymi szłam. Często miałam wrażenie, że coś mnie prowadzi, że nie jestem sobą. Były momenty, gdy coś mnie dręczyło, a ja nie potrafiłam inaczej zareagować. Nie umiałam nawet tego nazwać.

Przywykłam, a moje dotychczasowe życie wydawało się dziwne. Nie zauważałam tego. Byłam przyzwyczajona do pewnych sytuacji i emocji, bez jakiejkolwiek refleksji.

W moim życiu dominował lęk. Długo go ignorowałam, a objawy lękowe narastały. Czułam złość wobec tego lęku, wobec życia, wobec wszystkich dookoła. Lęk i złość zaczęły przemawiać przeze mnie. Z początku nie słyszałam głosu lęku, ale potem zaczęłam go zauważać. Moje myśli pod wpływem lęku zmieniały się, pojawiało się coraz więcej strachu. Ciało reagowało na te sygnały coraz silniej.

Jak to zauważyć? Jak to zmienić? Czułam presję społeczeństwa, oczekiwania innych. Mój organizm napinał się, a ja wpadałam w błędne koło lęku. Wpatrywałam się w ludzi i widziałam w nich potwierdzenie moich fałszywych przekonań. Koło lęku nieustannie się kręciło, naprężenie rosło, doświadczenia były coraz bardziej przytłaczające, a moje ciało czuło się coraz słabiej.

Jak tu uspokoić ciało, kiedy jest się w tym błędnym kole? Przez cały czas patrzyłam na innych, robiłam wszystko dla nich. A gdzie ja byłam dla siebie? Byłam niewidzialna, tak jak w dzieciństwie, kiedy czułam się niewidziana przez innych.

Ciało zatrzymało mnie, abym w końcu zaczęła dostrzegać siebie. Było we mnie tyle lęku, smutku i emocji, że moje ciało postanowiło mnie położyć. Chciało, abym spojrzała na siebie, przyjrzała się drodze, którą przeszłam, oraz tej, która jest przede mną.

Zaprzyjaźniłam się z moją sytuacją do tego stopnia, że czułam się w niej komfortowo. Ale pewnego dnia głębia mojego wnętrza pokazała mi, że to nie jest moja droga. Praca, którą wykonywałam, nie była satysfakcjonująca, miejsce, w którym mieszkałam, nie odpowiadało moim potrzebom, a otoczenie, w którym żyłam, denerwowało mnie.

Szukałam potwierdzenia w świecie zewnętrznym, a teraz leżałam, zmęczona, bez sił. Lekarze nie potrafili nazwać mojego stanu. Zastanawiałam się, kto wtedy ma wiedzieć, co mi dolega? Może istnieje jakaś wyższa inteligencja?

Chociaż byłam oburzona na Boga przez wiele lat, teraz zaczęłam wierzyć w wyższą moc. Obserwując siebie, zauważyłam, że moje ciało zaczyna się uspokajać, myśli stają się spokojniejsze, a lęk słabszy. Postanowiłam zaprosić tę wyższą inteligencję do swojego wnętrza, by rozświetliła i przyjrzała się temu, co mi dolega.

Uwierzyłam w nią, zaprzyjaźniłam się z nią i zaczęłyśmy wspólnie obserwować moje ciało. Gdy lęk próbował mnie straszyć, przekazałam mu informację, że jestem teraz połączona z wyższą siłą, która dba o moje ciało i myśli. Uświadomiłam sobie, że to, co działo się wcześniej, to były błędne przekonania o sobie i świecie. Lęk próbował przejąć nade mną kontrolę, ale teraz miałam u swojego boku wyższą moc, która trzymała mnie za rękę. Razem z nią, w radości i spokoju, kroczyłyśmy naprzód, śpiewając naszą wspólną pieśń.

ROZDZIAŁ 45

Dziedzictwo i Przemiana: Poszukiwanie Równowagi między Ojcem i Matką

Na obrazie mojego ojca, który stworzyłam w sobie, przeplatały się różne wizje. Kiedy zadałam sobie pytanie: „Co mogę powiedzieć o swoim ojcu?", najpierw przyszły mi do głowy słowa: alkoholik, beznadziejny, wycofany, nieobecny. Tak go widziałam, bo tak mówiła moja mama i babcia. Te cechy, od dzieciństwa aż do dzisiaj, wpływają na moje życie. Kiedy czuję się źle, sama siadam do wina.

Uważałam go za beznadziejnego człowieka i zawsze spotykałam w swoich bliskich relacjach słabych mężczyzn.

Jednak był też inny obraz tego samego człowieka. Mój ojciec był wrażliwym, empatycznym, czułym, inteligentnym, pracowitym i wartościowym człowiekiem. Nigdy nie faworyzował jednego z nas, czwórki dzieci. Był znakomitym lakiernikiem samochodowym i nawet przez pewien czas życia pilotem. Znałam też jego inną twarz, twarz kochającego męża i ojca.

Moją mamę również można opisać dwojako. Z jednej strony była samowystarczalna, z drugiej natomiast zła na męża, na życie i wszystko dookoła. Wszystko musiało być tak, jak ona zaplanowała, bo wiedziała przecież najlepiej. Rozumiem ją, bo musiała polegać tylko na sobie, ale czas puścić to przekonanie i otworzyć się na mężczyzn.

Tak, „jestem taka sama jak ty, tato", i „jestem taka sama jak ty, mamo". Te wasze części są we mnie. Kiedy zmienię obraz was, zmieni się też obraz we mnie. To proces, w którym mamy szansę na ukojenie, na nowe początki, na odkrywanie pełni nas samych. Dziś rozumiem, że obie te postacie w moim życiu były projekcjami pewnych aspektów mojej własnej osobowości, które musiałam zrozumieć i zaopiekować się nimi.

Podobnie jak moja mama była mocna i zaradna, ale zarazem pełna gniewu i frustracji, byłam i ja. Zrozumiałam, że ten gniew i te obawy przekazywane są z pokolenia na pokolenie. Moim pragnieniem jest to uporządkować, doprowadzić do równowagi między męską i żeńską energią w naszym Rodzie.

Bo kiedy przestaję was obwiniać i zaczynam patrzeć na wasze życie z wyższej perspektywy, zaczynam również widzieć siebie w nowym świetle. Dlatego dziś z wielkim szacunkiem oddaję to, co męskie, mężczyznom i idę w kierunku kobiecej energii.

Chcę być królową, nie wojowniczką czy księżniczką. Chcę, aby ta godność wróciła zarówno do kobiet, jak i mężczyzn w moim Rodzie, ponieważ wierzę, że to jest droga do pełni, do równowagi, do życia, które naprawdę chcę prowadzić.

ROZDZIAŁ 46

Uwierz w siebie, naprawdę

Wierzyć w siebie – to prawdziwa sztuka, droga do odkrycia własnej siły i wartości. To podróż, na której stajemy twarzą w twarz z naszymi najgłębszymi myślami i wątpliwościami. Przez długi czas sądziłam, że już to osiągnęłam, że moja wiara w siebie jest głęboka i niezachwiana. Ale pewnego dnia dostrzegłam, że moja pewność siebie nie jest tak silna, jak myślałam.

Zrozumiałam, że ciągle szukam wsparcia i potwierdzenia od innych, co prowadzi do rozczarowań i powtarzających się wzorców. Zaczęłam zadawać sobie trudne pytania: „Co naprawdę chcę?", „Dokąd zmierzam?". Próbowałam podążać wytyczoną ścieżką, ale brakowało mi wewnętrznego przekonania.

Odkrycie, że nie potrzebuję już aprobaty i wsparcia innych, było jak oświecenie. Zdałam sobie sprawę, że odpowiedzialność za mój życiowy kierunek spoczywa wyłącznie na moich barkach. Mimo że wiele już wiem, nadal czuję, że moja wiedza jest ograniczona. Ale to też jest piękne, bo uczenie się to siła, która napędza nas do dalszego rozwoju.

W końcu zrozumiałam, że wszystko, czego szukam na zewnątrz, jest już we mnie. To odkrycie wypełniło moją wewnętrzną pustkę.

Teraz wiem, że nadszedł czas, aby naprawdę uwierzyć w siebie. Efekty tej wiary nadejdą same.

Proces ten może wydawać się prosty, ale jednocześnie jest niezwykle trudny. Ważne jest to, jak się czujemy, bo kiedy nasze wnętrze jest pełne, stajemy się tym, czym pragniemy być. Aby osiągnąć zamierzone cele, muszę w pełni poczuć i zaakceptować siebie. Wszechświat nie spełniał moich pragnień, ponieważ pokazywał mi, że stoję przed murem, który muszę zburzyć własnymi rękoma. Dopiero gdy zrozumiałam, że jestem wystarczająca i dobra w tym, co robię, mój mur runął. Właśnie teraz, w tym momencie, czuję to wszystko całym swoim istnieniem.

Zaobserwowałam, jak z łatwością i wiarą widzimy potencjał w innych. Tak samo się zachowywałam – w wielu osobach widziałam potencjał, stając się doskonałym doradcą dla innych, a tym samym odejmując sobie siłę, którą zostawiłam przy innych. To był kolejny moment wzrostu.

Zrozumiałam, że tę samą uważność, którą tak łatwo kierowałam ku innym, powinnam skierować na siebie. Inwestowanie we własne marzenia, cele i pasje to nie egoizm, ale najwyższa forma szacunku, jaką mogę sobie ofiarować. Dziś, gdy patrzę w lustro, widzę nie tylko osobę, która potrafi pomagać innym, ale też kogoś, kto ma w sobie niesamowity potencjał. I to jest początek najpiękniejszej podróży.

ROZDZIAŁ 47

Podróż ku Świadomości: Moja Transformacja od Nawykowego do Naukowego Myślenia

Moja podróż od nawykowego do naukowego myślenia była długa i burzliwa, a ostatecznie okazała się najważniejszym procesem w moim życiu. Wyruszyłam z punktu, w którym nie wiedziałam nawet, że istnieją dwa różne sposoby myślenia i działania.

Wychowana w domu, gdzie panowały lęk, strach i ciągłe zamartwianie, od najmłodszych lat przyjęłam te emocje jako część mojego życia. Nieświadoma tego, że dzieci do siódmego roku życia chłoną wszystko ze swojego otoczenia, niewinnie przejęłam te nawykowe sposoby myślenia od mojej rodziny. Z czasem stały się one częścią mnie, manifestując się w każdym aspekcie mojego życia.

Przez lata ignorowałam fakt, że nasze myślenie wpływa na nasze ciało, a moje ciągłe zamartwianie się było wyraźnym sygnałem tego, co działo się wewnątrz mnie. Zrozumienie mechanizmu powtarzania nawykowego myślenia było dla mnie przełomem. Zdałam sobie sprawę, że moje ciało i umysł uodporniły się na ten sposób myślenia, a ja bezwiednie znajdowałam się w pętli ciągłego powtarzania tych samych wzorców. Była to jazda bez trzymanki na autopilocie, w której tkwiłam przez większość życia.

Ale gdy tylko uświadomiłam sobie tę prawdę, zaczęłam rozumieć, że mogę wybrać inny sposób myślenia. Naukowe myślenie stało się dla mnie drogowskazem. Nauczyłam się analizować fakty, szukać dowodów i logicznie oceniać sytuacje, zamiast poddawać się automatycznym reakcjom i emocjom. Ta zmiana pozwoliła mi na podejmowanie decyzji opartych na rzetelnej analizie, a nie na wcześniej wpojonych wzorcach myślowych.

Ta świadomość otworzyła mi oczy na moją moc kształtowania własnej rzeczywistości. Uświadomiłam sobie, że nie muszę być ofiarą okoliczności ani niewolnicą starych nawyków. Dzięki tej transformacji uwolniłam się od ciągłego lęku i zamartwiania, otwierając się na większą radość i spełnienie. Uczy mnie to, jak żyć bardziej świadomie i z większym zrozumieniem dla siebie i otaczającego mnie świata.

ROZDZIAŁ 48

Droga do Zrozumienia: Jak Wewnętrzna Analiza i Rozpoznawanie Ran z Przeszłości Wzmocnią Nasze Związki

Ostatnio miałam okazję porozmawiać uczciwie sama ze sobą, rozmawiając z kobietą, która doświadczyła napięcia w związku, odsłaniającego głębokie, delikatne miejsca. Co miało być spokojnym porankiem, nagle zmieniło się w napiętą wymianę zdań, gdy jej proste pytanie spotkało się z ostrą reakcją partnera.

W takich chwilach nasza pierwsza reakcja może być powierzchowna – złość, frustracja czy niezrozumienie. Kluczem do głębszego zrozumienia jest spojrzenie pod powierzchnię tych reakcji. Często są one odbiciem głęboko zakorzenionych, czułych miejsc i emocji, których nasz partner może nie być nawet świadomy.

Rozmowa przypomniała mi o własnych dziecięcych wspomnieniach. Dostrzegłam, jak obecne sytuacje wywołują uczucia z przeszłości, i to pozwoliło mi lepiej zrozumieć własne reakcje. Rozpoznawanie tych wzorców w sobie i w drugiej osobie otwiera drogę do bardziej świadomej, empatycznej rozmowy, nawet jeśli bywa trudna.

Ja wniosłam do swojego związku moje delikatne miejsca – to, jak patrzyłam okiem dziecka na rodziców.

Te delikatne, jeszcze niezaopiekowane miejsca miałam zawsze przy sobie. Dlatego łączyłam się z takim partnerem, żeby stare schematy się odtwarzały, bym w końcu je zobaczyła i mogła się nimi zaopiekować. Moi partnerzy również nieśli w sobie swoje delikatne miejsca z relacji ich rodziców.

Zrozumienie, że każdy z nas wnosi do związku swoje doświadczenia, pozwala na wspieranie się nawzajem w osobistym rozwoju. Wspólne odkrywanie tych wzorców i praca nad nimi doprowadziły nas do głębszej i bardziej satysfakcjonującej relacji.

ROZDZIAŁ 49

Odrodzenie: Podróż ku Własnej Wartości

Każdego dnia odkrywam siebie na nowo, wędrując ścieżką samopoznania i odnajdywania własnej wartości. Moja podróż nie była prosta. Musiałam nauczyć się akceptacji siebie i nowej przestrzeni życiowej, w której się obudziłam – po raz drugi.

Mimo osiągnięć i zdobytych szczytów, moje życie przez długi czas było areną walki i źródłem wstydu. Poczucie własnej wartości było dla mnie obcym pojęciem, a mimo to nie zdawałam sobie z tego sprawy. Z jednej strony dumna z osiągnięć, którymi inspirowałam innych, z drugiej – niewidzialna dla samej siebie, zatracając się w nieskończonym cyklu pomagania innym, zapominając o własnych potrzebach.

Brak emocjonalnego wsparcia nauczył mnie samodzielności, ale często prowadził do upadków i poczucia wstydu. Mój ciężki trud i poświęcenie, choć pełne dobrych intencji, stały się pułapką, w której zatraciłam siebie.

Przebudzenie nadeszło, gdy zrozumiałam, że stałam się niczym chodzący bankomat, służący potrzebom innych przez całą dobę. To była chwila, która zmieniła wszystko. Wtedy zrodziła się we mnie determinacja, aby zmienić swoje życie.

Zaczęłam postrzegać siebie z nowej perspektywy, ucząc się stawiać granice i priorytetyzować swoje potrzeby. Zrozumiałam, że kluczem do szczęścia jest dbanie o siebie i swój dobrostan. Dzięki temu zaczęłam czerpać radość z małych rzeczy, ucząc się nowych umiejętności i ciesząc się każdym dniem.

Moja historia to nie tylko podróż ku samoakceptacji, ale także ku odnalezieniu prawdziwej siły wewnętrznej. Teraz, każdego dnia, z odwagą i nadzieją, stwarzam siebie na nowo. To opowieść o odrodzeniu, odkrywaniu siebie i o mocy, która tkwi w każdym z nas, aby przejąć kontrolę nad własnym życiem i kreować je zgodnie z własnymi marzeniami i aspiracjami.

ROZDZIAŁ 50

Odkrywanie Światła Wewnętrznego: Podróż do Świadomego Umysłu

Zmiana kodów w umyśle: z nadzieją i wiarą sieję nowe nasiona w moim umyśle, niczym ogrodnik, który z wiarą sieje, że wyrośnie z niego jabłoń. Mój umysł porównuję do ogrodu. Kiedy dostrzegam w nim niezdrowe wzorce, przyglądam się im uważnie – to kody mojego programowania, które przez lata kształtowały wzrost określonych roślin, lecz okazały się chwastami trującymi mój ogród.

Umysł rodzi nową roślinność; to moja decyzja, co teraz sieję. Dojrzałe drzewo owocuje zdrowymi owocami. Dojrzały człowiek wybiera odpowiedzialność za swoje zachowanie. Aby osiągnąć przyzwoite zachowania, zaczęłam zmieniać nawóz swojej gleby, rozjaśniłam swoją drogę, odkrywając wewnętrzne światło, które posiadamy wszyscy. Następnie chronię je, aby to światło mogło rodzić kolejne.

To, co jest wewnątrz, odbija się na zewnątrz. Podchodzę do tego z wiarą; jest nadzieja, która rodzi nadzieję, ponieważ tak działa prawo umysłu. Kiedy moje wnętrze jest rozświetlone, dostrzegam, co przynosi mi inny człowiek. Każda napotkana osoba jest jak lustro, w którym odbija się moje światło; wtedy rozumiem, w jakim miejscu się znajduję.

Z wiarą i nadzieją pielęgnuję i chronię moje światło, wiedząc, że nie pozwolę, by splątany chwast zagnieździł się u mnie na stałe. Dzięki rozjaśnionemu wnętrzu szybko dostrzegam, gdzie zakorzeniły się niepożądane elementy, co pozwala mi je szybko usunąć. Nikt nie jest w stanie trwale zatruć mojego wnętrza, ponieważ to tylko chwilowe. To ja decyduję, co zatrzymam i jakie owoce wydadzą moje rośliny, czyli mój umysł.

Kiedy zrozumiałam, że mam niewłaściwy kod programu? Stało się to przez ciągle powtarzające się doświadczenia. Te kody działają jak wirusy, zakłócając nasze dobre funkcjonowanie. Po kolejnym doświadczeniu usiadłam, aby to przemyśleć, i byłam zła na siebie. Zauważyłam powracający program.

Aby go rozkodować, musiałam wrócić do jego pierwotnego stanu. Kiedy się temu przyjrzałam, zdecydowałam, że nie chcę tak dalej. Pozwoliło mi to spojrzeć na siebie z dystansem i zrozumieniem.

„Dobrze", pomyślałam. „Kiedyś nie miałam świadomości ani wpływu na to, co się działo, ale teraz już mam." Mam moc dokonywania świadomych wyborów i kształtowania mojego życia w sposób, który odpowiada moim wartościom i aspiracjom. Zrozumienie, że mogę zmienić „kody" w moim umyśle, było jak odkrycie klucza do wolności – wolności od ograniczających przekonań i nawyków, które nie służą mojemu szczęściu i rozwojowi.

Teraz, z każdym dniem, staram się być bardziej świadoma swoich myśli i działań. Kiedy zauważam negatywny wzorzec myślowy lub działanie, zastanawiam się, jaki „kod" za tym stoi i jak mogę go zmienić. To nie jest łatwe i wymaga stałej pracy nad sobą, ale każdy krok w tym kierunku sprawia, że czuję się bardziej spokojna, zrównoważona i szczęśliwa.

Zmiana kodów w umyśle to nie tylko proces indywidualnej transformacji, ale także sposób na tworzenie zdrowszych i bardziej satysfakcjonujących relacji z innymi. Kiedy zmieniam swoje wewnętrzne programowanie, zmienia się też sposób, w jaki reaguję na innych i na świat wokół mnie. Staję się bardziej empatyczna, cierpliwa i otwarta, co pozytywnie wpływa na moje interakcje z innymi.

ROZDZIAŁ 51

Odkrywanie Wewnętrznego Piękna i Wartości: Podróż Ku Samopoznaniu i Dojrzałości

Nie zdawałam sobie sprawy z bogactwa, jakie nosiłam w sobie. Mimo bycia uznawaną za piękną z zewnątrz, brakowało mi tego wewnętrznego blasku i samoakceptacji. Dziś rozumiem, że największą wartością jest percepcja samego siebie – to, co czuję wewnątrz, kim jestem, moje wewnętrzne „ja".

Posiadając tę świadomość, mogę ofiarować innym coś bezcennego: spokój i wewnętrzną harmonię, które z biegiem czasu rozkwitają we mnie. To poczucie własnej wartości nie tylko wzmacnia mnie, ale i pozwala szanować i być szanowaną przez innych. Zrozumiałam, że prawdziwe piękno i wartość płyną z głębi mojego serca.

Kiedyś moje życie było zupełnie inne. Pędziłam przez nie nieświadoma tego, co skrywa moje wnętrze. Skupiłam się na zewnętrznych atrybutach piękna, nie zdając sobie sprawy, że najważniejsze jest moje wnętrze. Dorosłość przyniosła mi nie tylko zewnętrzne piękno, ale i mądrość.

Pewnego dnia usłyszałam słowa, które zmieniły moje życie: „Twój największy problem tkwi w tobie, bo nie wierzysz w swoje wewnętrzne piękno". Te słowa wyraźnie zabrzmiały mi w głowie. Zrozumiałam, że prawdziwa pokora to nie tylko niesienie pomocy innym, ale przede wszystkim akceptacja i pielęgnowanie własnego piękna, które świeci na świat.

Dzisiaj, patrząc na swoje zmarszczki, dostrzegam piękno i dojrzałość. Uczę się każdego dnia pokory do życia, znajdując piękno w sobie i w otaczającym mnie świecie. Ten proces samopoznania i pracy nad sobą zmienia moje życie na lepsze. Uczę się doceniać każdą chwilę, cieszyć się drobnymi rzeczami i dzielić tą radością z innymi.

Teraz, kiedy żyję w zgodzie ze sobą, kierując się własnymi wartościami i wewnętrznym pięknem, rozumiem prawdziwą wartość życia. Uczę się na błędach i wykorzystuję życiowe doświadczenia jako cenne lekcje. Moja wartość płynie teraz nie tylko z uznania własnego piękna, ale również z empatii, otwartości na świat i zdolności do bycia wsparciem dla innych, jednocześnie dbając o siebie. To podróż ku samopoznaniu i dojrzałości, która uczyniła mnie silniejszą, mądrzejszą, a przede wszystkim – bardziej świadomą swojego „ja", pokory, miłości do siebie i otwartości na świat.

ROZDZIAŁ 52

Wdzięczność: Miłość jako Największy Dar Wszechświata

Dziś pragnę podzielić się przemyśleniami o uczuciu, które odmieniło moje życie i pozwoliło spojrzeć na świat z nowej perspektywy. Mowa o wdzięczności, a w szczególności o wdzięczności za miłość – największy dar, jaki wszechświat może nam ofiarować.

Odkąd zaczęłam żyć w świadomości tej wdzięczności, dostrzegłam, jak potężną siłą jest miłość. Miłość, która objawia się w różnych formach: rodzicielskiej, partnerskiej, przyjacielskiej, a także miłości do samej siebie. Każda z nich wnosi niezwykłą wartość do naszego życia.

Wdzięczność za miłość to także uświadomienie sobie, że każdy z nas jest wyjątkowy i zasługuje na bycie kochanym. To uczenie się doceniania każdej chwili spędzonej z bliskimi oraz otwieranie się na nowe relacje. To również akceptacja siebie i innych: zrozumienie, że wszyscy popełniamy błędy, ale dzięki miłości możemy się wzajemnie wspierać, uczyć i rosnąć.

Dziękuję z całego serca za miłość, która otacza mnie każdego dnia. Jestem wdzięczna za każdy uśmiech, ciepłe słowo, gest wsparcia. To wszystko sprawia, że czuję się szczęśliwa i spełniona. Miłość to największy skarb, jaki możemy otrzymać i ofiarować.

Jednak zdarzają się dni, gdy wracają smutne uczucia, zapisane w mojej wewnętrznej księdze. Zrozumienie, że wszyscy mamy prawo do miłości i wdzięczności, pomaga mi przetrwać te chwile.

Kiedy zaczęłam koić to, co czułe, moje spojrzenie na świat uległo zmianie. Zrozumiałam, że nie ma sensu obwiniać siebie i innych za przeszłość; wszystko działo się dla mojego dobra. Patrzenie na świat jako miejsce pełne wsparcia zmieniło mój punkt widzenia.

Tworząc ten nowy świat, uczę się, że każde doświadczenie, każde przeżycie – nawet te bolesne – ma swój nieodłączny wkład w moją osobistą podróż. Kojenie własnych emocji to proces, który wymaga czasu i cierpliwości, ale każdy krok w tym kierunku to krok ku głębszej harmonii ze sobą i światem. To, co kiedyś wydawało się niezrozumiałym bólem, teraz staje się cenną lekcją.

Zaczęłam rozumieć, że nasze wewnętrzne światy są odzwierciedleniem tego, jak postrzegamy rzeczywistość. Kiedy zmieniamy nasze myśli, uczucia, przekonania, zmienia się również nasza rzeczywistość. To, co kiedyś było puzzlami serca rozsypanymi bez ładu i składu, teraz stopniowo układa się w obraz pełen miłości, akceptacji i zrozumienia.

Uczyłam się, że radość nie zawsze jest łatwa do znalezienia, zwłaszcza w trudnych momentach. Ale nawet w tych ciężkich chwilach, gdy smutek i ból wydają się nie do pokonania, zawsze istnieje światełko nadziei. To światełko to miłość – do siebie, do innych, do życia. To ona dodaje siły, by iść naprzód, niezależnie od wszystkiego.

Obecnie, kiedy patrzę wstecz, widzę nie tylko trudy i wyzwania, ale także nieskończoną ilość chwil pełnych miłości i wdzięczności. To one stanowią fundament mojego życia.

Wdzięczność za miłość to nie tylko dostrzeganie pozytywów w życiu; to także umiejętność akceptowania i przetwarzania trudności. To proces, który sprawia, że stajemy się bardziej świadomi, empatyczni i pełni zrozumienia.

Dlatego niech każdy dzień będzie przypomnieniem o sile miłości i wdzięczności. Niech każdy moment trudności będzie okazją do wzrostu. I niech każda chwila radości będzie świętowaniem życia. Bo to właśnie miłość i wdzięczność są kluczami do pełniejszego, bardziej spełnionego życia.

ROZDZIAŁ 53

Pustka i Wizja: Krok po Kroku ku Pełni Życia

Wizja to dla mnie kolejne narzędzie i klucz do pełniejszego życia. To coś więcej niż obraz w mojej głowie. To to, na co patrzę każdego dnia, mapa, która prowadzi mnie do celu, i kompas, który wskazuje drogę.

To ona kieruje moimi działaniami, decyzjami i wyborami. Skupiam się na tym, co mi służy, co jest piękne i szlachetne, co pomaga mi rosnąć. Wierzę, że to, na czym skupiam uwagę, przyciągam do siebie i wkrótce zagości w moim życiu.

W głębi mojego serca odzywa się jednak pustka, głos wewnętrznego głodu życia. Ta pustka zrodziła się w momencie, gdy zaczęłam pozbywać się tego, co mi już nie służyło. Teraz rozumiem, że to wołanie jest przestrzenią na nowe, na to, co pragnę w życiu zaprosić.

Decyzja o działaniu, o dążeniu do celu krok za krokiem, napełniła tę pustkę siłą i wiarą. Każdy krok, nawet najmniejszy, stał się kroplą napełniającą ocean mojej determinacji. Karmię ją teraz tym, co kocham, czym chcę się zajmować, co naprawdę mnie interesuje. I tak pustka zamienia się w przestrzeń pełną pasji, celów i marzeń.

Dlatego dziś, gdy myślę o marzeniach i o pełnym, szczęśliwym życiu, wybieram odwagę. Skupiam się na swojej wizji i łączę to, czego pragnę dla siebie, z dobrem drugiego człowieka i całego Wszechświata. Wierzę, że gdy robię coś pięknego i szlachetnego, zgodnego z pragnieniem mojej Duszy, cały Wszechświat mnie w tym wspiera.

Od autorki

Niech ta książka będzie przewodnikiem dla tych, którzy pragną przejść przez cień i znaleźć światło. Niech napełnia ich inspiracją, nadzieją i siłą do kontynuowania własnej drogi. Przyjmijmy nasze cienie i przekształćmy je w źródło naszego wzrostu i piękna. Przejście przez cień może być naszym największym darem dla siebie i dla świata.

Zakończenie tej książki to nie koniec historii, ale początek nowej przygody. Przemiana nigdy się nie kończy, a my możemy stale rozwijać się, odkrywać naszą prawdziwą moc i tworzyć życie pełne radości, miłości i spełnienia.

Kończąc tę książkę, wyrażam swoją wdzięczność za to doświadczenie i za to, że mogłam podzielić się moją historią i moimi refleksjami. Jestem wdzięczna za każdego czytelnika, który podążył razem ze mną przez te strony, odkrywając własne drogi transformacji i inspirując się do własnych przemian.

Niech ta książka będzie przypomnieniem, że nie jesteśmy sami w naszych drogach transformacji. Istnieje wspólnota ludzi, którzy pragną wzrastać, zmieniać się i inspirować innych. Niech ona stanowi most, który łączy nasze historie i doświadczenia, dając nam poczucie wsparcia. Przejście przez cień jest tylko początkiem – jeszcze wiele pięknych rozdziałów czeka na nas, w których możemy się rozwijać i odkrywać naszą najpełniejszą wersję siebie.

Podziękowanie

Prowadzisz mnie przez życie, trzymasz mnie za rękę. Byłam zbyt pochłonięta moją rozpędzoną drogą, bym mogła to dostrzec wcześniej. Dziś przychodzę do Ciebie z miłością i pokorą. Moja prawda jest skryta głęboko. Pragnę codziennie słyszeć Twoje wołanie. W Tobie odnajduję siebie, choć zagubioną w wyścigu, to jednak dzięki Tobie mam moc wiary. Ta zagubiona cząstka, ta najpiękniejsza, boska część naszego planu. Jest wypełniona potencjałem, będąc drogą do kreacji, pokory, miłości i świadomości.

Moje niewidzialne uczucia kryją się wewnątrz, podobnie jak niegdyś niewidzialna była moja wiara. Jesteś moim drogowskazem, wskazujesz mi znaki, których nie widziałam, więc nie dziwię się, że nie potrafiłam ich odczytać.

Przepraszam, uwierzyłam w swoje przekonania, za którymi podążały moje myśli. Brakowało tam pokory, uważałam, że mam rację. W ciszy się zanurzyłam, a teraz to zobaczyłam, wszystko wyraźnie pokazane. Jestem architektem swojej rzeczywistości, drogi życia pełnej radości.

Przerażona, wystraszona, pędzę przez życie, udowadniając swoją rację. Chciałam, by moje zdanie się liczyło, a ego wołało do wiecznej walki, zajmowało się innymi, nie dostrzegając siebie i nie wierząc w moją wiarę. Nie musisz nikomu udowadniać swojej wartości, spójrz na to mądrze. Jesteś tutaj, otrzymałeś dar życia, masz swój cel do osiągnięcia.

Małe dziecko krzyknęło kiedyś, bo ktoś w dzieciństwie zranił jego uczucia, przez co poczuło się odrzucone, opuszczone i niesprawiedliwie potraktowane. To wiara i kompas podróży tego dziecka. Pędzi przez życie ze wstydem, sparaliżowane lękiem i potrzebą udowadniania. Nie widzi swojego potencjału, nie wierzy w siebie. Myśli te prowadzą do trudnych sytuacji. Czy to wołanie do Ciebie, „mamo", dla Ciebie, „tato": „Ja wam teraz pokażę, ja wam udowodnię!"?

Kiedy pędzimy zbyt szybko, zamknięci w swoich kokonach, zagubieni w labiryncie dualności i iluzji własnego matrixa, pojawia się dany sposób myślenia. Nie było to łatwe, ale mogę spojrzeć na to inaczej, zdjąć maski. Możemy przyjąć cudzą rolę i w swojej iluzji okłamywać siebie i swój świat, a cień podąża za nami. Zastraszone ego, jak małe dziecko, woła: „Nie dam rady!". Ego, rozpieszczane i podziwiane, lubi błyszczeć na zewnątrz.

Słyszysz dialog w swojej głowie: „Pomagam wszystkim, a co mnie spotkało?". Wszyscy wokół są niewdzięczni, ale jaka lekcja odbija się w lustrze rzeczywistości? Spójrz na siebie, pędzisz z pomocą innym, ale przed czym uciekasz, od jakiej swojej prawdy? Czasem gniew projektuje się na innych, a emocje wybuchają jak pędzący pociąg. Stacja się zbliża: kto ma wysiąść, wysiada, kto ma wskoczyć, wskakuje. Emocje napędzają i osłabiają, ale upokorzenie nie rozwiązuje problemu.

Zazdrość wobec innych mnie frustruje. Chcę poczuć się lepiej, chcę mieć więcej. Mogę mieć świat, jakiego pragnę, tworzyć prawdziwą rzeczywistość dla siebie, spojrzeć na prawdę, która tkwi głęboko. Co tam się skrywa, jakie są moje priorytety? Czy to, co robię, jest szlachetne i prawdziwe? Czy służy mojemu rozwojowi i światu?

Możemy zbudować nowy świat bez ocen, ego, masek i lęków dziecka stojącego w kącie. To świat dziecka, które chce być wysłuchane, docenione i otulone: „Widzę cię, kochanie". Te wszystkie dzieci krzyczące to dzieci stojące w kącie. Wiesz, kochanie, że jesteś też częścią mnie. Może tym celem jest odnalezienie tych cząstek, które rozpadły się na kawałki i pragną wrócić, domagać się uznania.

Teraz już możesz, jesteś tą większą częścią, która odpuszcza przepychanki i rozumie, że celem tej podróży jest odnaleźć i poznać siebie. Nikomu nie trzeba nic udowadniać; jesteśmy dziełem najwyższej miłości i mądrości we wszechświecie. Jesteśmy Bożym dziełem. Nasi rodzice, dziadkowie, pradziadkowie i każda istota na tej ziemi są Bożym dziełem. Bóg się nie pomylił, stworzył najpiękniejsze swoje dzieło w nas, w kwiatku, w słońcu i we wszystkim, co nas otacza.

Teraz możesz odpuścić, wybaczyć i ukoić siebie. Każdy z nas jest współtwórcą siebie i swojej rzeczywistości. Tak jak ja i Ty mogliśmy się mylić i nie umieć inaczej, tak samo nasi rodzice mogli popełniać błędy, bo sami nie byli nauczeni. Nasz gniew, urazy i opory sięgają głęboko, to są nasze korzenie, które zawsze będą z nami. Warto zatem zaopiekować się tymi korzeniami, by nie rosły z całym gniewem.

To nasi przodkowie, rodzice, rodzina są tymi cząstkami rozsypanymi w naszym wnętrzu. Jeśli nie odzywam się do rodzeństwa, rodziców czy dziadków, to ten pędzący pociąg, ta gonitwa za kimś, komu chcę coś udowodnić. Wnętrze jest puste, ta pustka to uzależnienia, osamotnienie. Krzyczą, zagłuszają, by nie słyszeć. Założę dziś maskę, która znów mnie obroni, bo to sposób, w jaki się chronię. Ile jeszcze będę udowadniać?

Ten mnie zawiódł, tu były oczekiwania, rozczarowanie, zdrada, jestem sam, woła gniew. Nie, nie jesteś sam. Wszyscy jesteśmy z Tobą od zawsze i na zawsze. Tu narodziło się dziecko, w tym domu, to początek wszystkiego. Przyszło do rodziny, do mamy i taty, powstało życie, tu jest rodzina, tu są korzenie. Jesteśmy częścią mamy i taty, a oni są częścią swoich rodziców. Tak powstaje nasze drzewo, które może pięknie kwitnąć albo usychać.

Uciekamy od tego, wyruszamy w świat, może jak najdalej, nie zdając sobie sprawy, że niesiemy dalej te ciężkie kawałki. Szukamy drugiej połówki lub, doświadczywszy bólu, wolimy być samotni, by nie powielać tego ciężaru. Nie chcemy też się tłumaczyć, po co i w imię czego. „Tak ma być, koniec kropka, takie jest moje zdanie" i już przepychanki gotowe. Jakie jest moje przekonanie, w co uwierzono, jakie jest moje ego?

Możemy łączyć się w pary z tym, co w nas czułe, z pustką, którą mamy, i oczekujemy od drugiego człowieka. Przyciągamy do siebie to, co woła o dostrzeżenie. Przyciągamy swoje delikatne miejsca, a z tego nie będzie całości. Każda połówka niesie swoją historię: delikatne miejsce odrzucenia, porzucenia, niesprawiedliwości, wstydu. By być całością, należy z pokorą i wdzięcznością zebrać te puzzle za dar życia.

Może rodzice nie potrafili inaczej, bo sami nosili w sobie to, co wciąż czekało na ukojenie. A ta dusza przyszła do tej rodziny, tego rodu, aby odkryć, co jest jej pisane. To jest jej historia, którą dziś trzymam za rękę. Ona zna swoją drogę, tam jest mądrość i wewnętrzne bogactwo.

Aby dom stał stabilnie, potrzebne są dwa filary: mama i tata oraz ich rodzice, i kolejni rodzice – tam jest siła. Boskość jest w trawie na łące, boskość jest w każdym człowieku. Wszyscy jesteśmy połączeni, boskość jest w świadomości miłości. To Twoja prawda i Twój świat.

O mnie

Zajmuję się holistyczną pracą nad rozwojem osobistym. Pracuję metodą Theta Healing i ustawień systemowych, prowadzę też warsztaty zmiany przekonań. To wsparcie w rozwoju i w dbaniu o swój dobrostan, a nie leczenie w sensie medycznym. Świadome pisanie pozwoliło mi głębiej spojrzeć na siebie. W trakcie pracy nad tekstami zauważyłam, że analiza słów na papierze pomaga mi lepiej zrozumieć moje myśli i uczucia, co ułatwia przechodzenie przez emocje. Łączenie pracy nad sobą z pisaniem stało się dla mnie nieoczekiwanym odkryciem, które znacząco wpłynęło na moje samopoczucie.

Dzięki poezji, wrażliwości i wizualizacji wdzięczności zaczęłam dostrzegać, jak zmienia się moja wewnętrzna energia. Z czasem zauważyłam również zmiany w moim otoczeniu. Ustawienia systemowe w rodzinie ukazują, jakie wzorce nieświadomie powielamy, a trening zmiany przekonań pozwala dotrzeć do momentu, kiedy jako dziecko przyjęliśmy fałszywe przekonania, takie jak przekonanie o braku własnej wartości. Radykalne wybaczanie pomogło mi uwolnić trudne emocje, które utrudniały mi życie.

Moja choroba stała się dla mnie cichym zatrzymaniem i zwrotem. Odsunięcie od codziennego życia pozwoliło mi usłyszeć, że w moim życiu jest miejsce na coś więcej. Z tego miejsca wewnętrznej ciszy, jako zdawałoby się zastraszonej kobiety, wydobywa się nowa siła.

Moment ten przekonał mnie, że czas zatrzymać się i zastanowić nad swoją ścieżką życiową.

Piszę również bajki, które stanowią ważny element mojej rozwojowej praktyki. Są narzędziem, które pomaga mi, a także dzieciom i dorosłym, odkryć „wewnętrzne dziecko" i poradzić sobie z trudnymi emocjami w bezpiecznej, metaforycznej formie.

Zapraszam Cię do wspólnej podróży w głąb siebie, gdzie możesz odkryć własną drogę, usłyszeć wewnętrzny dialog, poczuć, co niesie Cię przez życie, uwierzyć w swój potencjał i odkryć wartość dla siebie i świata. To podróż, która może otworzyć nowe perspektywy i pomóc odkryć nieznane dotąd aspekty siebie.

Zapraszam Cię do śledzenia mojego bloga wewnatrz-na--zewnatrz.pl, gdzie zawsze znajdziesz świeże, inspirujące treści. Zapraszam Cię również do naszej społeczności na Facebooku Wewnątrz na Zewnątrz, gdzie można być na bieżąco z najnowszymi wpisami i dyskusjami. Jeśli któraś z moich książek szczególnie Ci się spodoba, będę niezmiernie wdzięczna za Twoją recenzję. Twoje słowa mogą inspirować innych i pomóc rozwijać naszą społeczność. Będzie mi miło, jeśli zechcesz być częścią czegoś wyjątkowego.

Barbara Jaworska-Kostrzewska

Na pożegnanie

Na koniec zostawiam kilka wierszy, z tego samego cichego miejsca, z którego napisałam tę książkę.

Wewnętrzne dziecko

Wzięłam ją na ręce —
tę, którą kiedyś byłam.
Powiedziałam: jestem.
Już cię nie zostawię.
Nareszcie usłyszała.

Dwa filary

Mam w sobie dwa filary.
Po lewej — matka,
z niej ciepło i pierwsze tak.
Po prawej — ojciec,
z niego droga i pierwsze naprzód.

Nie muszę ich poprawiać.
Nie muszę być większa, niż jestem.
Oni duzi — ja mała,
oni dali — ja przyjmuję,
i w tym cichym porządku
dom przestaje się chwiać.

Biorę życie, które przez Was przyszło,
takie, jakie było —
i dziękuję.
Teraz mogę już tylko
być córką.

Głos

Najpierw słyszałam Was —
ostrożne, twarde, czujne:
nie wychylaj się,
walcz, bo świat nie czeka.

Potem usłyszałam ją —
tę małą, pod żebrami:
a czy ja w ogóle mogę?
a komu to pokażę?

A dziś — pierwszy raz —
słyszę jeszcze jeden.
Nie krzyczy. Nie tupie.
Nie musi niczego udowadniać.

Mówi do Was wszystkich:
widzę Was. Dziękuję, że niosłyście.

Mówi do tamtej małej:
już jestem. Możesz odpocząć.

I dopiero w tej ciszy
poznaję, czyj to głos.

Mój.
Dojrzałej kobiety,
która wróciła do siebie —
i nie idzie już sama.

Co znajdziesz u mnie

wszystko na www.wewnatrz-na-zewnatrz.pl

KSIĄŻKI

- **Wewnątrz na Zewnątrz**
- **Nowa Ja**
- **Poezja Symfonii Duszy**
- **Zobaczyć siebie. 12 kroków do własnego potencjału**
- **Wewnętrzne Dziecko**
- **Z lojalności do rodu**
- **Mądrość Serca** — 12 bajek rozwojowych dla dzieci i rodziców
- **Mapa Powrotu do Siebie**
- **Zestaw Wszystkich Książek** — wszystkie tytuły w jednym pakiecie

NARZĘDZIA I MATERIAŁY

- **Co Nosisz Po Swoim Rodzie** — Raport
- **Medytacja audio** — do Twojego raportu
- **Mały Zeszyt 31 Dni — Droga do Siebie** (bezpłatny)

PRACA ZE MNĄ

- **Prywatna Sesja Rozwojowa Online**

Kilka słów na koniec

Wszystko, czym dzielę się w tej książce, to moje własne doświadczenia i refleksje — to, co sama przeżyłam i zaobserwowałam na swojej drodze. To moja osobista historia, nie porada medyczna. Nie jest to terapia ani sesja terapeutyczna i nie zastępuje leczenia ani opieki lekarza. Jeśli się leczysz, zostań przy swoim leczeniu i zaufaj specjalistom — troska o duszę i troska o ciało najpiękniej idą razem. To zaproszenie do Twojej własnej refleksji i łagodnej uważności wobec siebie. Jeśli przeżywasz trudny czas, otocz się wsparciem bliskich lub specjalisty — a w kryzysie zadzwoń pod bezpłatny, całodobowy telefon zaufania 116 123.